건강한 인생
성공한 인생

건강한 인생, 성공한 인생

윤방부 지음

Wisdom Publishing

건강한 인생, 성공한 인생

지은이 | 윤방부

1판 1쇄 발행 | 2008. 1. 15
1판 2쇄 발행 | 2008. 3. 13

펴낸곳 | 예·지
펴낸이 | 김종욱
책임편집 | 황경주

경기도 고양시 일산동구 장항2동 751번지
전화 | 031-900-8061(마케팅), 8060(편집)
팩스 | 031-900-8062
등록번호 | 제1-2893호 · 등록일자 | 2001. 7. 23

편집디자인 | 신성기획 · 분판 출력 | 경운출력
종이 | 화인페이퍼 · 인쇄 | 서정문화인쇄사

ⓒ 예·지, 2008
ISBN 978-89-89797-52-4 03040

잘못된 책은 바꿔드립니다.

우리 인생의 길에는
비바람도 있고 어두운 길도 있다.
그래도 우리는 계속 길을 따라간다.
끝까지 가보지 못한 사람은
결코 느끼지 못할
그 무언가가 길 끝에 있음을 알기에….

책머리에

　내 인생을 돌아보면 학생을 가르치는 교수로서, 환자를 진료하는 의사로서 앞만 보고 달렸던 순간이 많다. 우리나라에 가정의학을 소개하여 뿌리내리게 한 것도 그런 순간이 모여서 이뤄진 성과일 것이다.

　그러나 이제는 주변을 더 많이 돌아보고 느끼고 함께 호흡하고 싶다. 이렇게 인생의 기어를 바꾸니 비록 보잘것없을지 몰라도 한 인간으로서, 의사로서, 교수로서, 소위 사회 저명인사로서 나의 삶을 음미해 보고 싶었다. 또 나와 같은 길을 걸을 젊은이, 후학, 제자 들에게 도움이 되었으면 하는 지극히 내 본위적일 수도 있는 생각도 들었고, 그동안 교류하며 지켜봤던 친구들에게 기죽지 말고 당당하게 살아가자는 메시지도 전하고 싶었다.

　그래서 평소 생각이나 의사로서 가지고 있는 건강론을 적은 글들을 하나둘씩 모으고 보충하다 보니 책 한권 분량이 되었다.

　책을 내는 일은 아쉬움을 남기는 과정이다. 그러나 바로 이 아쉬움이 또 하나의 도전과 미래를 창조한다고 변명하고 싶다. 이 책이 발간되도록 격려해 준 제자들, 가족들 그리고 특히 책의 출판을 맡아 준 김종욱 사장에게도 감사드린다.

건강한 인생, 성공한 인생

책머리에

1. 성공한 후반생

나이 듦에 대하여
15

'영감님'의 증거
18

해가 바뀔 때면 드는 생각
21

행복의 조건
23

마음 그릇 키우는 법
25

성공과 행복 사이
29

칭찬과 긍정의 시너지
32

부부지도
36

지식만큼 소중한 지혜
42

모자란 듯 부족한 듯
46

인생에서 꼭 해야 할 일들
50

차례

2. 인생 최고의 시기를 사는 법

정년퇴임
55

뭘 하실 겁니까
59

다양성에 대한 이해
61

우직함의 미덕
64

다 쓰고 죽자
67

투자 10훈
69

이카루스의 역설
71

젊은 피
74

하바드 클럽
77

오른손이 한 일을 왼손이 모르게 한 신부님
80

고아와 입양
83

말투
86

의사 취직하기
89

수능과 자퇴
92

캥거루족
95

병원이 가져야 할 경영 마인드
98

세계 최고라는 함정
101

예술과 철학을 우대하는 나라
103

건강한 커리어우먼
105

3. 건강한 삶을 위하여

노인병은 피할 수 있다
111

중풍에 대한 오해 1_손 저림
114

중풍에 대한 오해 2_안면마비
117

고혈압에 대한 오해 1_불편함이 없으면 약은 안 먹어도 된다?
119

고혈압에 관한 오해 2_두통, 귀울림, 코피면 고혈압?
123

고혈압에 관한 오해 3_노인들의 고혈압은 치료받을 필요 없다?
126

당뇨병에 관한 오해 1_설탕을 많이 먹으면 당뇨병이 생긴다?
128

당뇨병에 대한 오해 2_증상이 없으면 치료할 필요 없다?
131

당뇨병에 관한 오해 3_당뇨병엔 보리밥이 최고?
134

당뇨병에 관한 오해 4_인슐린 주사는 중독된다?
137

암은 사형선고?
139

암이 되는 복점 판별법
142

방치하면 안 되는 노인성 요실금
144

인생의 1/3 폐경기에 대처하는 자세
147

칼슘제만 먹으면 뼈가 튼튼해질까?
151

우울증약은 습관성?
154

비만증은 병이 아니다?
157

고단백 음식의 폐단
159

소량의 술은 몸에 좋다?
162

중년을 위한 건강관리법
166

만성피로를 벗어나는 10가지 방법
172

사계절 건강법
178

심장 질환, 고혈압 환자에게 맞는 운동
187

허리가 아플 때 하는 운동
190

왜 100살까지 살기 어려운가?
193

행복한 인생을 위한 장수 건강 5계명
196

최고의 운동, 걷기와 달리기
203

건강과 주택
209

4. 소중한 것들

달동네 청년의사
217

잊을 수 없는 스승
224

안 해본 일을 시도하는 삶
231

휴가
238

가족의 건강
241

워킹협회
246

친구들의 기습 인터뷰
252

공천 반납
260

방송에 임하는 나의 자세
262

MC를 중단한 사연
268

내가 성공한 이유
271

아내의 박사학위
277

아들과 딸들
279

제자들을 생각하며
289

삶의 산책
294

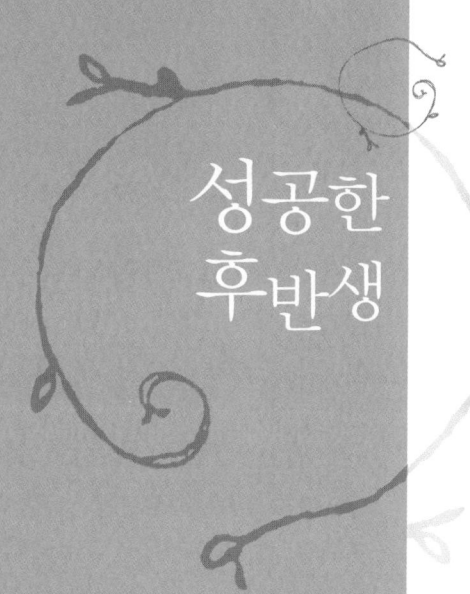

성공한 후반생

나이 듦에 대하여

　전 세계 80세 이상의 인구가 2050년에는 30명당 1명이 될 것이라라는 간단한 통계 자료로도 짐작할 수 있듯이 노인 인구가 크게 늘고 있다. 추세가 이러하니 의학은 노인에게 더 많은 관심을 가질 수밖에 없다. 국가는 좀더 적극적으로 노인을 위한 구체적인 사회복지 대책을 준비해야 하며, 개인은 60대 정년퇴직 후에 적어도 15년은 더 살 것이니 노후 계획도 좀더 구체적으로 세워야 한다.

　그러나 더욱 중요한 것은 늙음에 대한 각자의 철학이다. 국가에서 주는 경로우대증이 있지만 노인이라는 것이 싫어서 공공 교통기관을 이용할 때 사용하지 않고, 지하철에서 젊은이가 자리를 양보해도 사양하고, 젊은 오빠 또는 아저씨로 불러주면 좋아하는 사람들이 있다.

　하지만 꼭 그럴 필요가 있을까. 인생은 어차피 시작이 있고 끝이 있는 법이니 나이가 들어 노인이 된다고 그렇게 서러워할 이유는 없다.

　사람은 늙음과 죽음을 피할 수 없음에도 누구나 자신만은 예외라는 생각 때문에 늙음에 너무 과민 반응을 보이는지도 모른다. 또 나이가 들어도 늙기 싫다며 기를 쓰고 늙음을 밀어내려 하고, 늙었다는 사실을 받아들이면 패배를 인정하는 것이요 자신의 인생이 끝나는 일이라고 생각하는 사람들이 많다. 우리 사회에서 나이가 많다는 건 그만큼 모든 일에서 조금씩 뒤로 물러나야 한다는 걸 의미하기 때문이다.

아직 갈 길이 먼데, 지금이라도 마음만 먹으면 무엇이든 할 것 같은데, 몸과 마음이 예전 같지 않다는 걸 느끼는 순간 모든 게 서글퍼진다. 흐르는 세월을 어찌하랴는 한탄이 절로 나온다. 하지만 늙음도 삶의 완성을 위해 꼭 필요한 하나의 과정이 아닌가. 그러니 한탄으로 세월을 보낼 수는 없다.

어떻게 늙는 것이 가장 아름다운 것일까?

나는 남은 생을 시인 롱펠로처럼 보내고 싶다. 자신이 늙었다는 사실을 담담하게 받아들이되, 결코 그 속에 숨은 희망을 버리지 않는 지혜로운 노인이 되고 싶다.

미국의 낭만파 시인인 롱펠로는 백발이 될 때까지 열심히 시를 쓰고, 후학을 가르쳤다고 한다. 비록 머리칼은 하얗게 세었지만 또래의 친구들보다 훨씬 밝고 싱그러운 피부를 유지하며 활기찬 노년을 보냈다. 하루는 친구가 와서 비결을 물었는데, 그의 대답은 이랬다.

"정원에 서 있는 나무를 보게. 이제는 늙은 나무지. 그러나 꽃을

피우고 열매도 맺는다네. 그것이 가능한 건 저 나무가 매일 조금이라도 계속 성장하고 있기 때문이야. 나도 그렇다네."

나이가 들어간다고 생각하기보다 매일 조금씩 성장하고 있다고 생각하는 것, 그것이 바로 시인 롱펠로를 영원한 청년으로 살게 한 비결이었다.

늙음을 한탄할 것이 아니라, 조금 더 성숙하고 성장했다는 믿음으로 사랑하면 어떨까? 같은 지점이라도 사람에 따라 종착역이 될 수도, 출발점이 될 수도 있다. 아직 가야 할 길이 남았는데 늙었다는 이유로 그냥 서버릴 것인가? 아니면 조금 속도를 늦추더라도 남은 여행을 위해 새로운 출발을 할 것인가? 나는 적어도 후자의 삶을 살고 싶다.

'영감님'의 증거

얼마 전 헬스클럽에서 가끔 만나던 분들과 골프를 쳤다. "윤 교수님과 골프 한번 쳐보는 게 소원"이라며 하도 익살을 부리는 바람에 못 이기는 척 따라 나섰다.

그런데 골프를 치는 내내 그들은 서로를 '김 영감' '이 노인' 하고 부르는 게 아닌가? 다들 사회에서 한자리하는 분들이니, 평소에는 '이 사장님' '김 이사님'으로 통했을 텐데 그날은 장난기가 발동해서인지 마치 노인정에서 만난 노인들처럼 서로 영감, 노인 하며 재미있어했다.

나도 그날만큼은 '윤 영감'으로 통하는 신세가 되었는데, 생각보다 '영감'이라는 호칭이 싫지 않았다. 이젠 나도 나이를 먹어서일까? 평생 들어본 적도 없는 영감이란 말이 오히려 정답게 느껴졌다.

따지고 보면 나도 영락없이 영감이다. 이미 손자 손녀가 있고 환갑도 지났으니 할아버지가 아닌가. 조선시대 같으면 이미 황천객이 되어 제사상 받을 나이이고, 1950년대만 해도 틀림없이 뒷방 늙은이가 되었어야 할 나이이다.

그날 골프를 마치고 식사를 하면서, 하고많은 호칭 중에 왜 하필이면 '영감'이냐고 물었다. 한 분의 대답이 참 명답이었다.

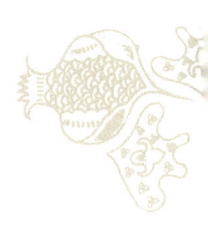

"늙었다는 세 가지가 증거가 있는데, 첫째는 부드러운 것이 딱딱해지고 딱딱한 것이 부드러워지며, 둘째는 해야 할 것을 안 하고 안 할 것을 하고, 셋째는 금방 한 얘기는 잊고 3일 전 것은 기억하는 것이지요. 이제 우리도 이런 증세가 나타날 때가 되지 않았습니까? 그러니 영감이지요."

속으로 꼽아보니, 다행히도 나는 이 세 가지 중에 어느 한 가지도 해당되는 것이 아직 없는 것 같았다. 하지만 언젠가는 나도 늙었다는 사실을 감출 수 없는 때가 올 것이다. 사람은 누구나 늙어가지 않는가.

중국의 옛말에도 '하루 천리를 달릴 수 있는 명마도 늙어 쇠하면 걸음이 느려져서 둔한 말이 앞서게 되고, 영웅도 늙으면 보통 사람을 따라갈 수가 없다'는 말이 있지 않은가. 나에게도 그런 시간이 다가올 것이다.

그러나 새뮤얼 울먼은 「청춘」이라는 시에서 "청춘이란 인생의 어느 기간을 말하는 것이 아니라 마음의 상태를 말하는 것"이라고 했다. 그렇다. 청춘이란 연령이나 연령이 제한하는 육체가 아니라, 인생의 깊은 샘물에서 나오는 신선한 정신, 유약함을 물리치는 용기,

안이함을 뿌리치는 모험심을 의미한다. 때로는 20대의 청년보다 60대 노인에게서 더 싱싱한 청춘을 발견할 수 있다. 나이를 먹는다고 해서 늙은 것이 아니라 이상을 잃어버릴 때 비로소 늙는 것이다.

그러니 나이가 아무리 들어도 가슴속에 새로운 것에 대한 열정과 인생을 헤쳐나가는 용기, 삶을 이끌어가는 강한 힘이 있다면 언제까지나 젊은 청춘으로 아름답게 늙어갈 것이다.

해가 바뀔 때면 드는 생각

아메리카 인디언들은 11월을 '모두 다 사라진 것이 아닌 달'이라고 부른다. 11월이면 나뭇잎도 떨어지고 싱싱하던 자연의 모든 생명 현상들이 우리의 시야에서 사라져버린다. 그런데도 그들은 이때를 가리켜 '모두 다 사라진 것이 아닌 달'이라고 부른다니 참 재미있다.

우리는 해가 바뀔 때가 되면, 지난 1년의 시간이 다 지나가 버렸다고 생각한다. 이미 흘러간 시간을 다시 되돌릴 수 없으니 틀린 말은 아니다. 하지만 정말 그저 흘러가 버린 것일까?

우리가 보지 못하고 깨닫지 못할 뿐, 시간은 분명 무언가를 남기고 간다. 아름다운 추억, 슬픈 기억, 아쉬움, 새로운 희망을 뿌려놓고 간다. 오늘이 없는 내일이 없듯이, 지난 1년의 다사다난했던 일들이 없다면 다가올 새해의 꿈도 없다.

나뭇잎이 떨어진 앙상한 숲을 보면서도 그 속에서 지난 시간의 의미를 찾아내고, 다가올 봄의 새싹을 미리 내다볼 줄 알았던 지혜로운 인디언들처럼, 시간을 대하는 우리들의 자세도 좀더 겸허해지면 좋겠다.

언제부턴가 나는 해가 바뀔 때마다 새로운 계획이나 희망을 세우기 전에 현재 내게 남아 있는 것들을 먼저 돌아보게 되었다. 한때는 나도 현재의 나를 돌아보기 전에 내일의 나를 꿈꾸는 일에 바빴다. '새해에는 이런 일을 해야지' '새해에는 꼭 이걸 이루어야겠다'는 생각에 무언가를 채우고 더하는 일에만 관심을 가졌다. 그러다보니 현재 내가 가진 것보다 앞으로 내가 가지고 싶은 것들이 더 눈에 들어왔다. 집도 필요하고 차도 필요하고 승진도 해야 하고, 자꾸만 내게 부족한 것들을 먼저 생각했다.

하지만 세월이 지날수록 무언가를 새롭게 시작하는 일보다, 현재 자신이 가지고 있는 것에 감사하며 진정으로 아끼고 살아가는 일이 더 힘들다는 걸 알게 되었다.

그래서 요즘은 해가 바뀔 때 이런 생각을 해본다. 지난 한 해 동안 나는 얼마나 많이 내가 가진 것들에 감사하며 살았을까? 지금 내가 가진 것들 중에 버려야 할 것은 무엇일까? 이런 생각들을 곰곰이 하다보면 떠오르는 새해의 태양 앞에 아직도 남아 있는 나의 욕심이 부끄러워진다.

행복의 조건

언젠가 『적극적 사고방식』이란 책으로 잘 알려진 노먼 필 목사가 발리 섬에서의 경험을 이야기한 인터뷰 기사를 읽은 적이 있는데, 참으로 감동적이었다.

필 목사는 이 세상에서 가장 행복하게 사는 집단이 발리 섬에 산다는 소문을 듣고 그곳을 찾아가 1주일 동안 그들과 함께 지냈다. 아직 문명의 이기나 혜택이 많지 않은 곳이어서 별다른 시설이나 오락거리가 없었지만, 이 열대 지방의 작은 섬에 사는 사람들은 모두 행복하게 살고 있었다.

필 목사는 그들이 행복하게 사는 이유를 그들이 많이 하는 5가지의 말에서 찾았다.

첫째, 우리는 가진 것이 없다.
둘째, 우리는 단순하게 한다.
셋째, 우리는 서로 좋아한다.
넷째, 우리에게는 먹을 것이 충분하다.
다섯째, 우리는 아름다운 섬에서 살고 있다.

깊이 생각해 보면 행복의 조건은 단순하고 소박하며 평범한 것들이다. '많은 것이 좋은 것'이라는 생각보다는 '지금도 충분하다'는 생각을 갖고 살면 세상에는 감사할 것들이 가득하다.

마음 그릇 키우는 법

영국의 골프 평론가 버나드 다윈은 골프만큼 그 사람의 성격이 잘 드러나는 게임은 없다고 했다. 정말 맞는 말이다. 가까운 사람과 골프를 쳐보면 그 사람의 숨어 있는 성격이 그대로 드러나는 경우가 많다.

프로 골프 선수들의 경우는 그렇지 않겠지만, 사교를 위해 골프를 배우게 되면 대부분 맨 처음에는 점수에 집중하는 경우가 많다. 그러다가 점점 여럿이 어울려 내기 골프를 쳐서 돈을 따는 재미로 필드를 찾는 일이 많아진다. 게다가 유난히 내기를 좋아하는 친구들과 어울리게 되면, 덩달아 경쟁심이 발동해서 불꽃 튀는 대결로 이어지기 일쑤다.

그런데 재미있는 것은 내기를 하면 오히려 더 잘 치는 사람이 있는가 하면, 영 실력을 발휘하지 못하는 사람도 있다는 사실이다. 그런 사람을 보면, 평소에는 누구 못지않게 골프 실력이 좋은데도 내기 앞에서는 번번이 형편없는 점수로 돈을 잃는다. 내기 액수가 커질수록 실수도 늘어난다. 도대체 이유가 뭘까? 내가 생각하기에 그건 중요한 순간에 지나치게 승부에 집착하기 때문이다.

사람은 누구나 중요한 순간을 앞두고 잘해야 한다고 스스로 다짐

한다. 그런데 너무 잘해야 한다고 생각하면 지나치게 긴장하게 되는 게 문제다. '이번에는 꼭 이겨야지'라든가, '반드시 1등을 해야지'라는 생각을 하면 마음이 초조해져서 정작 그 일에 집중할 수가 없다. 집중력이 떨어지면 당연히 제 실력을 발휘하지 못한다.

음치 가운데는 누군가가 '음치'라고 무심코 던진 한마디 때문에 평생 남들 앞에서 노래를 못 하게 된 경우가 많다고 한다. 국내에 존재하는 약 3백만 명의 음치 중에서 실제 음치는 전체의 0.01%에 불과하며 나머지 99.9%는 자신감 결여 때문에 노래를 못 하게 된 사람들이라고 한다. 그래서 음치를 교정할 때는 노래를 잘 부르는 기술적인 것보다, 못 부르더라도 남들 앞에서 큰 소리로 노래하는 연습을 먼저 시킨다. 틀려도 된다는 대담한 생각, 성공할 수 있다는 자신감을 회복하면 노래 부르기의 반 이상은 성공한 것이라고 한다.

사실 노래를 멋지게 잘 부르는 사람도 보기 좋지만, 못 불러도 기죽지 않고 당당하게 부르는 사람이 더 아름답다. 무슨 일이든 열심히 노력하는 사람에게 더 많은 박수를 보내게 되는 것이 사람의 마음이기 때문이다.

우리는 세상을 살면서 중요한 관문을 통과할 때가 있다. 큰 시험

을 치거나, 향후 진로를 결정할 아주 중요한 발표를 하거나, 누군가에게 자신을 피력해야 하는 자리 등이 바로 그런 관문들이다. 그럴 때 자신이 가진 실력을 가장 잘 발휘할 수 있는 방법은 지나치게 잘해야 한다는 생각을 버리는 것이다.

욕심을 버리면 마음에 여유가 생기고 시야가 넓어진다. 큰일 앞에서 초조함 없이 과감하게 행동하는 사람은 기본적으로 실패에 대한 두려움이 없다. 매일 거액의 돈을 주무르는 주식투자자들 사이에 떠도는 명언 중에 '소심한 사람은 80%의 가능성을 보지 않고 20%의 불가능만을 본다'는 말이 있다. 결국 실패에 대한 두려움은 우리의 인생에서 도전할 기회를 빼앗아간다.

넓은 세상의 주인으로 살고 싶다면 오늘부터 실패에 대한 두려움을 버리자. 그리고 반드시 잘해야 한다는 강박관념을 벗어던지자. 사실 인생에서는 실패를 통해서 얻는 교훈이 훨씬 더 많다. 우리에게 중요한 것은 성공이냐, 실패냐의 결과가 아니다. 최선을 다해서 내가 그 과정 속에 함께했다는 사실이다.

어차피 한 번 사는 인생이 아닌가? 소심하게 움츠러들기에는 우리의 인생이 너무 짧다. 통 크게 세상을 살고 싶다면 마음의 그릇을 조금만 더 키우자. 때로는 실패도 담담하게 받아들일 수 있는 배짱, 자신이 저지른 실수도 사랑하고 껴안는 자세가 필요하다. 그것이 바로 내 마음의 그릇을 키우는 가장 효과적인 방법이며 멀리 내다보고 인생을 사는 지혜이다.

성공과 행복 사이

한 여론 조사의 결과를 보면 한국의 직장인 4명 중에 3명은 자신이 꿈꾸었던 직업과 전혀 다른 일을 하고 있다고 한다. 결국 자신의 적성이나 소양과는 관계없이 대부분의 사람들은 호구지책으로 일을 하고 있는 셈이다.

그러고 보면 우리 사회에는 꿈을 잃어버린 사람이 참 많은 것 같다. 어릴 때는 의사도 되고 싶고, 대통령도 되고 싶고, 군인도 되고 싶었는데, 이제 그런 꿈들은 말 그대로 꿈같은 이야기가 되어버렸다고 한탄하는 사람이 많으니 말이다.

그런데 우리는 어쩌다가 꿈을 잃어버렸을까? 많은 사람들이 사회적 성공, 소위 출세에만 매달려 살다보니 정작 자신이 원하는 것이 무엇인지 잊어버리게 된 게 아닐까? 나이가 들면서 순수하게 내가 원하고 느끼는 가치보다 다른 사람에게 비춰지는 가치가 중요해지면서 점점 꿈에서 멀어져버린 것이다.

예전에 한 신문에서 독일에서 일하는 어느 간호사의 기사를 읽은 적이 있다. 전남 나주의 가난한 집 딸로 태어난 그 간호사는 음악가가 되고 싶었지만, 생계를 위해 순천간호학교에 입학해야 했다.

그녀는 간호사가 된 후에도 자신의 꿈을 버리지 못해 독일로 건너가 돈을 벌면서 성악공부를 하기로 결심했고, 기꺼이 가난한 유학생의 삶을 선택했다. 끼니 거르기를 밥 먹듯이 하다보니 결핵을 심하게 앓기도 했지만, 자신의 꿈을 포기할 수 없었다. 주변 사람들은 음악가가 되는 게 큰돈이 생기는 일도 아니고, 늦은 나이에 갖은 고생을 하며 그렇게 살 필요가 있냐며 귀국을 권했다.

하지만 꿈은 이루어진다고 했던가! 마침내 그녀는 1977년 꿈에도 그리던 베를린 음대 성악과에 입학했고, 1985년에 졸업해 중년이 다 된 나이에 지금은 소프라노로 활동하고 있다. 비록 세상이 다 아는 유명한 성악가가 된 것은 아니지만, 그녀는 자신이 하고 있는 일을 누구보다 사랑하고 현재의 삶을 사랑한다고 말했다.

나는 이 간호사의 성공담을 읽으면서 진정한 성공은 바로 이런 것이구나 하는 생각이 들었다. 참다운 성공은 남들이 알아주는 성공이 아니라 자기가 스스로 느끼는 행복이고 성공이다. 꼭 사회적으로 명성을 얻고, 큰 부자가 되어야만 성공한 인생이 아니다. 흔히 사회적으로 성공했다고 불리는 유명인사가 실제로는 더 불행한 경우도 많다.

사람은 자신이 하고 싶은 일을 할 때 가장 높은 집중력을 발휘한

다. 발명왕 에디슨은 작업 중에 시계를 보지 않은 것으로 유명했는데, 자신이 좋아하는 일에 몰입했기 때문이다. 무슨 일이든 억지로 하려고 하면 금방 싫증이 나고 무기력해진다. 하지만 자기가 좋아하는 일을 할 때는 누가 시키지 않아도 저절로 신바람이 나서 시간 가는 줄 모르고 일에 몰두할 수 있다. 그 출발이 늦었거나 그 일에 많은 장애가 있더라도 빠른 시간 내에 남보다 훨씬 앞서가게 된다.

진정 성공한 삶을 꿈꾼다면 맨 먼저 내가 무엇을 원하는지 잘 알아야 한다. 나는 지금 하고 싶은 일을 하고 있는가? 다시 태어나도 지금 하고 있는 일을 할 것인가? 한 번뿐인 인생을 어떻게 살고 싶은가? 끊임없이 이런 질문들을 자신에게 물어야 한다.

흔히 성공과 행복은 한꺼번에 얻을 수 없다고들 하지만, 그렇지 않다. 자신이 원하는 일을 정말 열심히 할 수 있다면 행복은 늘 그와 함께 있다. 그리고 어느 결에 자신이 성공한 삶의 주인공이었다는 걸 깨닫게 된다.

매 순간 우리는 세상의 시선보다 자신의 내면에 충실하면서 원하는 것을 하며 행복을 느끼고 살아야 한다. 그것보다 더 큰 성공의 비결은 어디에도 존재하지 않는다.

칭찬과 긍정의 시너지

나에게는 10년 이상 찾아오는 단골 환자가 많았는데, 그중에 팔순이 넘은 할머니가 한 분 계셨다. 이분은 내가 "정말 건강해 보이십니다"고 말하면 굉장히 기쁜 표정을 지으시며, "고맙네, 그 말 덕분에 한 1년은 더 살겠구먼" 하고 대답하셨다. 물론 할머니의 말대로 나의 칭찬 한마디가 그만 한 효과가 있는지는 모르겠지만, 칭찬이 우리에게 새로운 에너지와 생명력을 부여하는 건 분명하다.

성경을 보면 '사람은 입에서 나오는 열매로 하여 배가 부르게 되나니, 곧 입술에서 나는 것으로 하여 만족하게 되느니라. 죽고 사는 것이 혀의 권세에 달렸느니 혀 쓰기를 좋아하는 자는 그 열매를 먹으리라'란 구절이 있다. 사람의 입에서 나온 말은 상대를 살리기도 하고, 죽이기도 한다.

특히 절망과 씨름하는 환자를 대하는 의사는 늘 상대방에게 칭찬하는 일을 아껴서는 안 된다고 생각한다. 환자의 상태는 일차적으로는 환자 본인의 의지, 그 다음은 환자를 지켜보는 주변 사람의 말에 따라 민감하게 변하기 때문이다. 그러니 환자를 돌보는 사람은 꼭 필요한 때가 아닌 다음에야 환자에게 희망적이고 긍정적인 말을 하도록 노력해야 한다. 실제로도 칭찬과 격려의 말을 듣고 증세가 호

전된 환자 사례가 수없이 많다.

 따뜻하고 유머 넘치는 그림으로 전 세계인의 사랑을 받고 있는 프랑스의 삽화가 장 자끄 상뻬가 쓴 『뉴욕 스케치』를 보면 상대방을 칭찬하고 격려하는 일에 하루를 보내는 뉴요커들의 모습이 나온다. 뉴욕 사람들이 하루 종일 입에 달고 다니는 말이 있는데, 바로 '넌 할 수 있어'(You got it)란 말이다. 길거리에서 친구를 만나 근황을 물어도, '강아지가 아파서 고민이야'라고 해도 'You got it'이다. 뉴욕 사람들의 모든 대화는 'You got it'으로 끝난다.

 프랑스인인 상뻬는 이방인인 자신의 눈으로 봤을 때, 이런 뉴욕 사람들의 언어 습관이 부자연스럽고 위선적으로 보이는 부분도 있지만 서로 부정적인 말을 주고받는 것보다 훨씬 좋은 일이라고 말한다.

 사람은 누구나 칭찬을 좋아한다. 무슨 일이든 욕을 들을 때보다 칭찬을 들을 때 더 잘할 수 있다. 나도 그렇고 남도 마찬가지다. 그러니 지금보다 칭찬을 더 많이 들으면서 유쾌하게 인생을 살고 싶다면 내가 먼저 상대를 칭찬하는 습관을 가져야 한다.

 내가 건넨 작은 칭찬이나 격려의 말은 상대의 인생을 변화시키는 결정적인 한마디가 될 수도 있다. 또 평소에 칭찬을 많이 하는 사람은 결국 칭찬을 많이 받게 되어 인생이 긍정적인 쪽으로 발전하게 된다. 칭찬에는 부메랑처럼 되돌아오는 힘이 있기 때문이다. 그러니 살면서 되도록 긍정적으로 말하고, 남을 많이 칭찬하려고 노력할 필요가 있다.

하지만 무턱대고 칭찬을 남발하는 것은 옳지 않다. 칭찬도 격려도 정당성이 결여된 것은 진실성이 떨어지고 결과적으로 아무런 효과가 없거나 더 나쁜 결과를 불러올 수 있기 때문이다. 특히 아랫사람이나 동료, 친구를 칭찬할 때보다 윗사람을 칭찬할 때 주의를 기울일 필요가 있다. 윗사람을 칭찬할 때 도가 지나치면 칭찬이 아니라 아첨이 되기 쉽기 때문이다. 자유당 시절에 모 장관이 방귀를 뀐 대통령 앞에서 "각하! 시원하시겠습니다"라고 해서 망신을 당했다는 이야기는 유명한 예다.

나도 때로 아랫사람에게 칭찬을 들으면서, '이 친구가 칭찬을 넘어 한참 아첨을 하고 있군' 하고 생각할 때가 있다. 그런데 재미있는 것은 뻔히 알면서도 은근히 기분이 좋아진다는 것이다. 이렇게 아첨은 상대를 붕 뜨게 하는 힘이 있다. 그러니 아첨에 속는 사람도 많고 아첨에 눈이 멀어버리는 사람도 있는 것이다.

　우리는 역사 속에서 아첨의 함정에 빠져 진위를 판단하지 못하고 결과적으로 만신창이가 되어버린 명석한 왕이나 정치가 또는 촉망받던 사람들을 수없이 보아왔다. 아첨에는 그렇게 당장은 달콤하지만 결국 사람을 쓰레기처럼 만들어버리는 무서움이 있다. 이 무서움이 칭찬과 아첨을 근본적으로 가른다. 그러니 세상살이에서 중요한 위치에서 중요한 역할을 해야 하는 사람일수록 아첨과 칭찬을 잘 구별할 줄 알아야 할 것이다.

부부지도

동고동락하면서 살아온 부부만큼 서로를 잘 아는 사이가 또 있을까. 세상에 어떤 존재보다 가까운 관계가 아내이고 남편이다. 그런데 어리석게도 사람들은 마치 공기나 물처럼 늘 존재하기 때문에 부부의 소중함을 잘 모를 때가 많다. 그래서 어떤 부부는 서로에게 제일가는 친구가 되는 반면, 어떤 부부는 가장 큰 상처와 좌절을 안겨주는 원수가 되기도 한다.

넘치는 사랑으로 한시도 떨어져 있지 못할 것 같아서 여러 사람 앞에서 자신들의 사랑을 보여주고 맹세하며 출발할 때는 같은 모습이었는데, 세월이 흐르면서 서로 다른 모습이 되는 것은 무엇 때문일까. 가까운 관계일수록 소중하게 지키고 가꾸어야 한다는 진리를 잊어버리기 때문이다.

이 진리를 잊지 않고 제대로 실천하려면 필수적으로 따르는 것이 상호 간의 노력이다. 어떤 남편들은 '다 낚은 고기에게 먹이 주는 것 봤냐'면서 아내에게 소홀한 것을 정당화하기도 하는데, 긴 안목에서 보면 이런 푸대접은 결국 자신에게 되돌아오게 되어 있다.

나름대로 40년 가까이 부부 생활을 하면서 느낀 점에 기초해 영원히 부부 사랑을 가꿔가는 비결을 정리해 본다면 이렇다.

　제일 먼저 부부는 서로 매력을 잃지 않아야 한다. 서로의 매력이란 자신이 인생에서 거는 희망과 현실의 구체적인 생활이라는 양 측면에서 필요한 것이다. 세상이 뭐라고 해도 믿어주고 든든하게 밀어주는 배우자, 그 마음에 답하여 자신의 길을 열심히 감으로써 존경받는 배우자는 아무리 나이가 들어도 서로 간에 매력을 잃지 않는다.
　또 자기관리의 노력을 하는 모습이 서로에게 매력을 줄 수 있다. 나의 아내는 지금까지 살찌거나 흐트러진 모습으로 내 앞에 선 적이 없다. 그만큼 보이지 않는 자기관리 노력을 하는 것이다. 나는 이런 아내의 모습에 자극받을 때가 많다. 내가 가정적이고 건실한 중년의 모습을 지키며 살아갈 수 있게 된 것도 그만큼 아내가 노력하기 때문에 함께 노력하게 된 측면이 많다.
　이렇게 자기관리의 노력은 각자가 할 몫도 있지만 부부나 자녀가 함께하는 부분도 필요하다. 나는 운동을 할 때나 여행을 갈 때 아내와 함께 가는 일이 많고, 그걸 매우 좋아한다. 이제는 아이들이 각자 제 할 일에 바쁘니 어느덧 둘만 남게 되었지만, 우리는 늘 그래왔기 때문에 편안하게 둘만의 운동이나 여행을 즐길 수 있다.
　주변의 얘기를 들어보면 젊어서부터 부부 혹은 가족이 함께 즐겁게 시간을 보내면서 재충전하는 습관이 들지 않은 사람은 나이 들어 시간적으로 경제적으로 여유가 생겨도 무미건조하게 보내는 경우가 많다고 한다. 이렇게 안타까운 경우를 당하지 않으려면 늘 조금씩 노력하는 태도가 필요하다.

부부 간의 사랑은 또 얼마나 서로에게 관심을 가지고 대하는지가 중요하다. 지금도 우리 부부는 서로 외모에 관심을 가져주고 때로는 더 좋은 의견을 제시하면서 조언을 하기도 한다. 이런 사소한 것이 하나하나 쌓여야 세월이 흘러도 서로에 대해 더 잘 이해하고, 서로에게 감사하는 마음을 갖게 되는 것 같다.

부부는 너무 가깝기 때문에 함부로 말하는 경우가 많은데, 이 점은 꼭 경계해야 한다. 서로 자존심을 건드리는 얘기나 부정적인 말은 백해무익한 것이다. 긍정적인 말을 많이 하고 더 많이 칭찬하면서 아주 긴 세월을 함께 살아야 하는 게 바로 부부다.

세상에 부부싸움 한번도 안 해본 부부는 없겠지만, 요즘은 사소한 부부싸움이 아주 심각한 결과로 치닫는 경우가 너무 많다. '부부싸움은 칼로 물 베기'라는 것도 이제는 옛말이 된 듯하다.

서로 다른 두 인격체가 만나서 하나가 되다보니 싸움을 피할 수 없

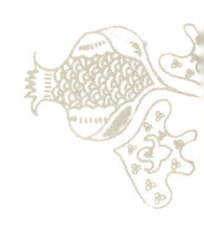

을 때가 있다. '부부'라는 테두리에서 함께 가는 긴 인생 항로를 생각하면 아주 미미한 물결이고, 또 어떤 면에서는 부부 금슬을 더욱 좋게 하는 깨소금 역할을 하는 정도라야 한다. 그런데 요즘은 영 그렇지가 못하고 극단적인 결론에 이르는 경우가 많다. 그 결과 이혼하고 가정이 파괴되면서 가족 구성원 모두에게 상처를 주는 경우도 심심찮게 볼 수가 있다.

몇 년 전에 나의 진찰실을 찾아온 어느 30대 부부도 그런 경우였다. 처음에는 부인이 남편에게 맞아 진단서를 떼서 남편을 혼내주고 이혼을 하겠다며 나를 찾아왔다.

부인의 말에 의하면 남편이 욕설을 퍼붓고 처갓집 험담을 해서 크게 부부싸움을 하게 되었고, 결국은 폭력 사태까지 벌어진 것이라 했다. 그런데 이 젊은 부부는 철없게도 각자의 집에 가서 상황을 얘기했고 결국 부부싸움이 양가의 싸움이 되어 이혼 일보 직전까지 오게 된 것이다.

나는 부부 양쪽을 차례로 불러, 좀더 진정한 후에 결론을 내려도 늦지 않다고 설득을 했고, 결국 이 부부는 화해를 해 지금은 아주 잘 살고 있다.

그렇다고 가정폭력 수준으로 볼 수 있는 일까지 서로 이해하고 넘어가라는 것은 아니다. 상습적인 폭력은 아무리 부부 사이라도 분명히 문제가 된다. 하지만 다시는 그런 일이 없을 것이라는 전제하에 용서할 수 있는 것도 감정이 치달아 아주 심각한 결과가 되는 일은 막아야 한다는 것이다.

부부싸움에서는 사실 육체적인 폭력보다 정신적인 폭력이 더 문제다. 특히 말이 문제가 되는 경우가 아주 많다. 어느 연구소에서 남편이 아내에게 절대로 해서는 안 될 말의 순서를 발표한 적이 있다.

1위가 욕설, 2위가 아내의 약점을 건드리는 말, 3위가 처가식구의 흉. 4위는 인격을 무시하는 말, 5위가 과거를 들추는 이야기, 6위가 이혼하자는 이야기, 7위가 바람피운 이야기, 8위가 다른 사람과의 비교, 9위가 결혼을 후회한다는 말 등이었는데, 순위에 관계없이 꼭 새겨두어야 할 이야기다.

아무리 쉽게 이혼을 말하는 세상이 되었지만, 이혼이라는 게 그리 간단한 건 아니다. 이혼이 흔한 서양에서조차 사람들이 받는 스트레스 중에 2~3위를 차지하는 고통이 바로 이혼에서 비롯된 것이다.

물론 꼭 할 수밖에 없는 이혼도 있다. 하지만 조금만 더 신중히 생

각하고 상대방의 입장에서 이해해서 막을 수 있다면, 최대한 그렇게 해야 한다. 그래서 이혼율이 점점 감소했으면 하는 바람이다.

살면서 우리는 때로 상처를 받는데, 가만히 보면 깊은 상처는 꼭 가까운 사람들에게서 받는다. 나를 찾아오는 환자들도 전쟁터와 같은 특수한 상황에서보다 일상생활에서 상처를 입고 오는 경우가 더 많은데, 그와 마찬가지로 아주 가까운 사람들끼리 깊거나 치유하기 어려운 상처를 내는 일이 많다.

그러니 가까울수록 자신이 하는 말이나 행동이 상대에게 혹 상처가 되지 않는지 조심할 필요가 있다. 이런 태도에는 누가 먼저랄 게 없다. 스스로가 먼저 그렇게 상대를 아끼고 배려하는 마음을 갖는 것은 영원한 부부 사랑을 이어가는 제일의 비결이기도 하지만, 성공한 인생을 사는 지름길이기도 하다. 부부는 가정의 중심이고, 화목한 가정을 뺀 성공이나 행복은 두고두고 허전한 구석을 남기기 때문이다.

지식만큼 소중한 지혜

우연한 기회에 제자로부터 몇 권의 책을 선물 받았다. 그중에 한 권을 읽으면서 너무나 공감이 되는 글이 있어서 무릎을 딱 쳤다.

'溫故而知新 可以爲師矣'

(옛것을 익히고 새것을 알면 스승이 될 만하다.)

우리들에게 잘 알려져 있는 공자의 말씀이다. 그런데 이 글을 풀이하는 예문이 아주 인상적이다.

할아버지와 어린 손자가 대화를 나눈다.
"바람은 왜 불지요?"
"구름을 데려오고 흔들어주려고 바람이 불지."
"왜 구름을 데려오는 거예요?"
"비를 오게 하려고 그러지. 비가 내려야 나무도 자라고 곡식도 자라 사람이 먹고 살거든."
"왜 나뭇가지는 흔들리는 거예요?"
"그건 나무가 뿌리에게 밥을 달라고 보채는 거야. 우는 아이에게 젖을 준다는 말 들어봤지? 바람에 흔들리는 나뭇가지는 나무가 하는 말이나 같은 것이란다."

　손자는 자라서 학교에 간다. 그리고 비와 바람에 대해 가르치는 선생님의 수업을 듣고 와서 할아버지에게 면박을 준다.
　"할아버지는 저기압, 고기압이 뭔지 알아요?"
　"모른다."
　"할아버지는 수은 온도계도 모르지요?"
　"몰라."
　"섭씨니 화씨니 이런 말도 모르지요?"
　"모른다."
　"오늘 학교에서 배웠는데 온도가 올라가면 공중에 있는 공기가 부풀어져 웅크린 공기 쪽으로 밀려오는 것이 바람이래요. 옛날에 할아버지가 가르쳐주었던 바람 이야기는 거짓말이야."

　손자는 할아버지를 무식하다고 놀려대고 할아버지는 그런 손자를 대견해한다. 할아버지가 가르쳐준 바람은 지혜의 바람이고, 학교에서 배운 바람은 지식의 바람인 것을 손자는 언제나 알게 될까. 얼마나 더 많은 세월이 흘러야 그걸 깨닫게 될까. 세월이 흘러 그 손자가 어른이 되고, 바람이 부는 모습을 보면서 학교에서 배운 '지식의 바람'보다 할아버지가 가르쳐준 '지혜의 바람'을 먼저 떠올리게 되었을 때 할아버지는 이미 고인이 되어 있을 것이다.

젊음은 늘 새로운 것을 추구한다. 하지만 우리의 젊은이들이 너무 새로운 것, 유행하는 것에만 민감한 것은 아닐까 싶은 생각이 들 때가 있다. 그것이 비단 물건에만 한정되지 않고 오래된 것이라면 무엇이든 배격하려는 풍조로 이어진다면, 우리의 젊은이들은 얼마 지나지 않아 기성세대의 사고방식, 철학, 사상 등 모든 것을 외면해 버리게 될지도 모른다.

최근 우리 사회가 풀어가야 할 여러 과제 중에는 '세대 간의 갈등'도 큰 비중을 차지하고 있다. 사고방식이 자유롭고 자기표현에 거침이 없는 젊은 세대들이, 권위를 중시하고 질서와 전통을 강조하는 기성세대와 만나게 되면서 가정이나 직장에서는 보이지 않는 세대 간의 갈등이 속속 생겨나고 있기 때문이다. 젊은이들은 기성세대들을 고리타분하다고 여기고, 기성세대들은 젊은이들이 버릇없다고 생각하기 때문에 서로 대화를 하려고 하지 않는다. 그러다 보니 세대 간에 의사소통은 단절되고 오해만 쌓여간다.

미국에서는 퇴직한 노인들을 모아서 지식인 집단을 만들고, 그들

이 사회봉사 형식으로 어린아이들을 가르치는 프로그램을 활발히 진행하고 있다. 이 프로그램은 기본적으로 무기력한 노인들에게 일거리를 제공해서 삶의 활력을 주기 위한 취지로 시작된 것이지만, 해를 거듭할수록 서로 다른 세대가 자연스럽게 교감할 수 있는 기회가 되고 있다고 한다.

노인들이 가지고 있는 연륜과 지혜를 다시 사회에 환원하는 이런 프로그램이 우리나라에서도 활성화되었으면 좋겠다. 노인들의 이야기에는 새롭고 감각적인 내용은 없지만 분명 오랜 세월에서 묻어 나오는 유익한 지혜가 많다. 지혜는 옛것에서 오고, 지식은 새것에서 온다는 말도 있지 않은가?

이제 우리 사회도 더 새로운 것만을 추구하기보다는 오래되고 낡은 것에서 지혜를 얻는 노력이 필요하다. 우리가 외면하는 동안, 우리 사회의 소중한 자산들이 소리 없이 사라지기 전에 말이다.

앞으로 끌어주는 지식과 뒤에서 밀어주는 지혜가 골고루 섞일 때 이상적인 사회에 가장 가까워질 것이다.

모자란 듯 부족한 듯

대한가정의학회가 발족한 후, 나는 전국 각 지역의 개업의들을 모으고, 가정의학을 전문과목으로 만들겠다는 의욕으로 전국 각 지역을 돌며 정말 열심히 연수교육을 하던 어느 날의 일이다.

'가정의학 연수교육을 중단하라'는 날벼락 같은 내용의 공문이 내려왔는데, Y대의 Y모 교수가 전문의 자격증을 준다고 꼬여서 많은 돈을 받고 연수교육을 시행 중이라는 투서가 있었다는 것이 요지였다.

나는 당장 이 문제를 해결하기 위해 정부 담당자를 만나러 갔다. 그리고 나름대로 내 입장을 설명할 수 있는 내용과 가정의학의 필요성에 대한 주장을 깨알같이 글로 써가지고 가서 그 담당자에게 읽어주었다. 그런데 내 이야기를 다 듣고 난 그 담당자는 내게 이런 말을 하는 것이었다.

"잘 들었습니다. 설명을 듣고 보니 억울하게 시기를 받을 만하다는 생각이 듭니다. 그런데 말입니다. 열정이 너무 지나쳐 다른 사람들이 볼 때 가정의학만 최상인 양 교육하고 다니는 것으로 비쳐지지는 않았을까요? 교수님을 뵙고 보니 더더욱 그런 생각이 드는군요. 외모나 말투나 행동이 어디 하나 부족해 보이지 않으시네요. 약간

모자란 듯 사는 게 결국에는 인정받고 승리하는 길이 아닐까요?"

 순간 머리를 한 대 얻어맞은 것 같았다. 그동안 나는 그저 열심히 더 열심히만 하면 된다고 생각해 왔다. 그 사람의 말처럼 무엇이든지 너무 넘쳐도 문제가 될 수 있다는 생각은 못 해본 것이다.

 중국 고사에 '너무 가득 차면 뒤집어진다'는 말이 있다. 공자가 환공의 사당에 갔을 때 본 이상하게 생긴 그릇에서 유래한 이야기다. 그 그릇은 환공이 생전에 항상 곁에 두고 아끼던 것인데, 안에 물이 없어 텅 비어 있을 때는 기울어지고 반쯤 차면 반듯해지고, 가득 차면 뒤집히는 특이한 그릇이었다. 환공은 자신이 교만해지는 것을 막기 위해 그 그릇을 항상 곁에 두고 삶의 지표로 삼았다고 한다.

 그날 내가 깨우친 것도 바로 그런 것이었다. 너무 차지도 모자라지도 않게 중용을 지키는 말과 행동, 그것은 이루고 싶은 목표가 많고 꿈이 원대한 사람일수록 반드시 되새겨야 할 교훈이었다.

 목표를 향해 무작정 달려 가다보면, 주변을 돌아보지 못하게 되는 일이 많다. 오로지 최고의 결과에만 관심을 둘 뿐, 주변과의 조화를 잊어버리기 쉽다. 나는 지금도 가끔 그때의 일을 떠올리며 교훈으로 삼고 있다.

그때 만난 그 공무원은 가정의학이라는 명칭을 사용하게 하는 계기를 마련해 주기도 했다.

귀국 후 나는 신문이나 잡지에 글을 쓸 때 'Family Medicine'이라는 원어를 그대로 사용했다. 나름대로는 우리나라에 걸맞은 용어를 만들려고 노력했지만 딱히 마음에 드는 것이 생각나질 않았다.

'종합 전문의' '일반과 전문의' '개업 전문의' '주치의 전문의' 등 의견은 분분했지만, 그중에 어느 것도 정할 만한 이름이 되질 못했다. '가정의학'으로 하자는 제안도 물론 있었다. 하지만 그 당시 결혼한 여성들 사이에서 『가정의학 백과사전』이 유행하던 터라서 아무래도 망설여졌다. 『가정의학 백과사전』의 내용이라는 것이 대개 간단한 응급처치나 아프면 병원에 가라는 식의 아주 상식적인 내용을 담고 있었기 때문에 가정의학이라고 하면 왠지 같이 도매금으로 넘어갈 것 같은 걱정이 앞섰다. 어렵게 정착시키고 있는 의학 분야인데 그렇게 전문성이 떨어지는 느낌을 주는 이름을 덜렁 붙일 수는 없었다.

그래서 '전과 전문의'라는 이름을 거의 정식명칭처럼 쓰고 있었다. 그런데 내게 충고를 해준 그 공무원이 '전과 전문의'라는 용어에

대해서도 한번 더 생각해 보라고 충고했다.

"과목 이름도 너무 완벽한 것보다 좀 모자라는 듯해야 반발을 피하지 않겠습니까."

좀 약해 보이는 이름을 달면 적이 조금이라도 적어질 것이고, 그러면 사방에 늘어나는 비판자들 때문에 공연히 시간을 낭비하고 힘을 빼는 어리석음을 반복하지 않을 수 있다는 게 그의 논리였다.

나는 전적으로 옳은 말이라는 생각이 들었다. 그래서 당시에는 꼭 삼류 의학을 뜻하는 듯한 느낌이 들던 가정의학이라는 명칭을 공식적으로 채택했다. 지금 와서 생각하면 참 잘한 일이라는 생각이 든다. 요즘은 그런 백과사전이 유행하지도 않을뿐더러 전과 전문의보다는 가정의학처럼 친근한 용어가 더욱 많은 사람들에게 공감을 불러일으키기 때문이다.

인생에서 꼭 해야 할 일들

한 선배의 장례식에 갔을 때의 일이다. 빈소에 들러 조의를 표한 후 문상객들끼리 모여 고인을 추억하며 그분에 대한 기억을 주고받았다.

그런데 한 분이 "이분은 정말 안 해본 일이 없는 분이야" 하며 고인의 삶을 부러워했다. 문상을 온 대부분의 사람들도 이 말에 공감했다.

선배는 한마디로 성공한 인생을 살았다. 병원을 개업해서 성공하여 돈도 많이 벌었고, 학교에 들어가서 각종 보직도 맡아보았고, 은퇴 후에는 한 대학의 총장까지 역임했으니 남자로서 그만하면 최고로 명예롭고 성공한 인생을 산 셈이었다.

게다가 자식들도 하나같이 훌륭한 인재로 키웠으니 더 바랄 것이 무엇이겠는가. 부와 명예, 행복을 모두 가질 수 있는 인생을 사는 사람은 그리 흔치 않다.

그런데 과연 인생에서 성공이란 무엇일까? 쉽게 대답하기는 힘들 것 같다. 사람마다 각자가 생각하는 성공은 조금씩 달라서 꼭 한 가지로 짚어서 말할 수는 없을 것이다. 인생을 사는 데 성공이 무엇이냐? 아마도 이 질문은 인류의 역사가 존재하는 한 계속될 것이고 딱

한 가지 정답은 없을 것이다.

우연히 캐롤 자쿠우스키 수녀가 쓴 『후회없는 삶을 위한 10가지 제안』이라는 책을 읽은 적이 있다. 이 책은 부자가 되거나 명성을 얻는 것만이 성공이라고 믿는 사람들에게 진정한 성공이란 아주 작고 소박한 것에서 시작된다고 말하고 있었다.

원래 이 책의 내용은 캐롤 수녀가 인디애나 주에 있는 성마리아 대학의 학교장으로 있을 때 학기 강의용으로 준비한 것인데, 캐롤 수녀는 이 강의를 준비하면서 인생의 마지막 유언을 쓰는 심정으로 학생들에게 전해주고 싶은 인생의 지침을 적어 내려갔다. 그녀가 생각하는 '후회없는 인생을 살기 위해 꼭 해야 할 10가지'의 일은 다음과 같다.

1. 남들보다 재미있게 살아라.
2. 통찰력을 얻어라.
3. 깊이를 알아라.
4. 도피처를 마련하라.

5. 매일 밤 글을 써라.

6. 수녀(자신)에 대해 생각하라.

7. 재미있는 사람이 되어라.

8. 잠시 동안 혼자 살아라.

9. 자신을 소중히 대하라.

10. 아무것도 잃을 게 없다는 생각으로 살아라.

물론 이 열 가지가 다 모든 사람들이 공감할 수 있는 항목은 아니다. 또 항목마다 사람에 따라 더 풍부한 해석을 붙일 수도 있다. 하지만 외면적인 성공만 성공이라고 믿으면 살아가는 우리들에게 캐롤 수녀의 메시지는 분명히 깊은 울림을 남긴다.

과연 나는 어떤 인생을 살고 있을까? 이 책을 통해 나는 그동안 너무 많은 것을 얻기 위해 내게 소중한 것들을 잊고 살지 않았나 하는 반성을 하게 되었다. 캐롤 수녀의 충고처럼 나도 내 남은 생을 위하여 차분히 앉아, 후회 없는 삶을 살기 위한 나만의 열 가지 목표를 정해봐야겠다. 가장 소박하고 진실한 마음으로 진정한 나를 발견할 수 있는 나만의 원칙을 만들어가리라.

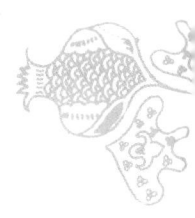

비록 그것이 세상 사람들이 흔히 말하는 성공의 기본 원칙과 다르더라도 내겐 충분히 의미 있는 일이 될 것이다. 그래서 먼 훗날, 스스로 내 삶은 충분히 가치 있고 행복한 삶이었노라 자신 있게 말하며 평화롭게 눈을 감고 싶다.

인생
최고의 시기를
사는 법

정년퇴임

인간이 스스로 만들어놓은 제도와 규제에 어쩔 수 없이 승복해야 하는 경우가 많이 있다. 그중 최고의 필요악이 무조건 양적인 제한으로 해결하려는 정년퇴임이 아닐까.

2월말쯤 되면 이런저런 정년퇴임식장에 참석할 일이 많아진다. 직업이 교수다 보니 교수의 정년퇴임식이 단연 단골이다. 젊은 시절 이런 곳에 참석할 때면 축하를 해야 할지, 위로를 해야 할지 참 고민스러웠다. 열정과 능력은 아직 젊은이 못지않은데 나이 제한으로 인해 강제로 교수직을 그만두어야 한다는 게 수긍할 수 없었다. 이제 내가 정년퇴임을 해야 할 입장에 놓이고 보니 더욱더 이해가 되지 않는다.

정년퇴임식장에서 흔히 마주하게 되는 것이 퇴임사와 기념물, 정년퇴임 기념 강연이다. 기념물은 대개 기념논문집인데, 정년퇴임기념 강연과 함께 그분의 지나온 역사를 느낄 수 있게 해준다. 요즘은 정년퇴임 후 소장하고 있던 책을 기증하거나 장학금, 연구비 등을 기부하는 사람들이 점점 늘고 있다 하니 좋은 일이다.

얼마 전까지만 해도 정년퇴임식에 참석해도 간단히 인사하는 정도에 그쳤다. 그러나 최근에는 마음가짐이 달라졌다. 퇴임하는 교수들의 모습을 보면서, 나는 어떤 모습으로 퇴임을 할까, 어떤 퇴임사를 할까, 후학과 친구들에게 무엇을 남길 수 있을까, 어떤 사람들이 퇴임식장을 채울까, 축하 화분은 몇 개나 받을 수 있을까, 같이 지냈던 과원이나 제자들이 나의 퇴임식을 기다렸다는 듯이 좋아하지 않을까, 퇴임하는 것이 슬퍼서 울지는 않을까, 이런저런 유치하고 시시콜콜한 질문에 스스로 답을 하며 씩 웃어보기도 한다.

단지 나의 학문에 대한 철학, 애정이 제자들의 가슴속 한구석의 작은 자리에라도 남아 슬플 때 용기를 갖게 하고, 환희의 순간에 겸손을 잊지 않게 하는 마음의 스승으로 각인되었으면 하고 바랄 뿐이다.

뭘 하실 겁니까

최근에 가장 자주 듣는 질문이다. 유명하니까, 제자들이 워낙 많으니까 오라는 데가 많겠다든지, 이름만 듣고 찾아올 환자가 많으니 개업하라는 등 질문에 따르는 제안도 다양하다.

정년퇴임! 교수 정년이 65세이니 그동안 다른 사람들의 일로만 느껴졌던 일이 내 일이 된 것이다. 이 명제를 놓고 생각하느라 잠을 설칠 때도 있다. 이미 의과대학 동기 중에는 정년퇴임을 한 친구도 여럿 있다. 고등학교 동기동창들은 거의 100% 이미 직장에서 퇴임하였다.

제자들은 정년퇴임 후에도 얼마간은 가정의학교실에 남아서 수련에 도움을 주고, 학문적, 인간적 기둥으로서 있어달라고 한다. 참 고마운 말이다.

우연한 기회에 지인이 회장으로 있는 한 대기업 경영연구소에서 인생 후반 계획을 세워준 적이 있다. 연구소에서는 크게 봐서 그간의 쌓아온 명예와 품위를 유지·관리하는 것을 강조하며 몇 가지 방안을 제시하였다. 내용은 풍부하였고 그럴 듯했다. 그러나 그 보고서를 보고 나는 오히려 연희동 판자촌에서 보냈던 청년의사 시절로 되돌아가야 하지 않을까 하는 생각을 막연하게나마 했다.

당분간은 현재 로테이션하는 전공의나 레지던트가 있는 곳에서 근무하며 시간이 허락하면 나를 필요로 하는 사람들에게 강연도 하고 자선단체에서 의료 봉사를 하는 것이 가장 현실적인 방안일 것 같다. 근무 장소만 바꾸는 것이다. 그러고 나서 좀더 여유를 가지게 되면 봉사할 곳을 찾아 그곳에 매진하는 것이 최상일 것이라 생각한다.

이렇게 정년퇴임의 연령을 좀 미루고 진짜 정년퇴임은 그 후에 결정하고 싶다. 최소한 현재 맡고 있는 10여 개 사회단체의 장, 자문, 홍보 대사 등의 임기가 만료되는 때에 정말로 은퇴라는 용어가 걸맞은 정년퇴임을 맞이하려고 한다.

욕심쟁이! 라는 말을 들을지 모르나 나를 아는 사람들은 나를 이해할 것이다.

다양성에 대한 이해

인생에서 직업은 매우 중요한 의미를 지닌다. 직업을 단순히 생계를 이어가는 수단으로 취급하기에는 부족함이 있다. 자아실현이라는 중요한 인생의 목표는 흔히 직업의 세계를 통해 실현되기 때문이다.

요즘은 직업의 종류도 정말 다양해졌다. 그것을 실감할 만한 일이 있었다. 우리 병원에 가정의 등록을 한 어느 아주머니가 대학입시를 앞둔 아들을 데리고 찾아왔다.

"선생님, 이 아이가 대학 갈 생각은 안 하고 이상한 짓만 하고 다녀요. 그래서 혹시 정신이 어떻게 된 게 아닌가 싶은 생각까지 들지 뭐예요. 글쎄 죽어도 백댄서가 되고 싶답니다. 이게 제 정신으로 하는 소리겠어요?"

아들을 살펴보니 정신적인 문제는 전혀 없었다. 그래서 두 사람을 앉혀놓고 물어보니 아들은 꼭 백댄서가 되고 싶다고 하고, 엄마는 하고많은 좋은 직업을 놔두고 하필 백댄서냐며 난리였다.

일단 나를 찾아와서 상담한 것이니만큼 최선을 다해봐야 할 것 같았다. 백댄서라는 직업에 대해 잘 알지 못해서 평소에 알고 지내는 방송국 PD에게 전화를 걸어 물어보았다. 그랬더니 놀랍게도 200대 1 이상의 경쟁률을 자랑하는, 청소년들의 인기 직업이라고 했다. 또 한번 '뜨면' 유명한 가수나 연예인이 될 수 있는 등용문 중의 하나이며, 잘만 하면 의사보다 수입이 나을 수도 있다고 했다.

백댄서뿐이 아니다. 연회 전문가, 여행 기획가, 이미지컨설턴트, 애견 미용사, 펀드매니저 등 요즘은 무수히 많은 새로운 직업이 생겨나고 있다. 여기에 컴퓨터와 관련된 직업까지 덧붙이면 이루 다 셀 수 없을 정도다.

우리나라만 해도 11500여 종의 직업이 있다고 한다. 미국에는 무려 23559종의 직업이 있다고 한다. 침대의 부드러움을 조사하기 위해 하루 8시간씩 맨발로 침대 위를 밟고 다니는 매트리스워커, 거리나 지하철 광고에 등장하는 미녀 모델들의 얼굴에 그려진 수염을 지우는 수염 닦기라는 직업도 있다고 한다.

이렇게 부모 세대는 이해하기 어려울 만큼 갈수록 많은 직업이 생겨나고 인기 직업, 유망 직업이 하루가 다르게 달라지니 그와 관련된 부모와 자식 간의 갈등도 만만찮다.

물론 시대의 변천에 따라 인기 있는 직업이 변하는 것은 당연한 일이다. 그리스 시대에는 소크라테스 같은 철학자가 인기를 끌었고, 전쟁이 많았던 로마에서는 군인이 선망의 대상이었다. 칭기즈칸이

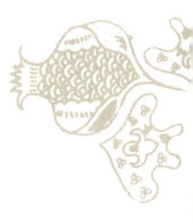

맹위를 떨치던 13세기에는 상인들이 광활한 대륙을 횡단하는 데 필수적인 지식이 날씨 정보였기 때문에 천문학자가 유망 직종이었다. 도자기 문화가 발달했던 명나라에서는 도자기공이, 식민지 시대 스페인에서는 지도 제작자가, 프랑스의 루이 14세 때는 초콜릿이 인기를 끌어 제과사가 인기 직종이었다고 한다.

이렇게 시대나 사회적인 상황에 따라 새로운 인기 직업이 생기기도 하고, 얼마 전까지만 해도 선망의 대상이었던 직업이 비인기 직업으로 전락하는 경우도 적지 않다. 그러니 부모 세대들이 시대의 변화를 읽지 못하고 다양성을 포용하는 자세를 지니지 않으면 자식에게 잘못된 충고를 할 가능성이 높아진다.

이것이 어디 비단 직업의 문제에 국한되겠는가. 사회가 변화할수록, 그 변화의 속도가 빠를수록, 더 넓은 시각에서 바라보고 다양성에 대한 이해를 깊이 하는 일이 필수적으로 갖춰야 할 하나의 덕목으로 모든 분야에서 요구된다.

우직함의 미덕

1972년 박사 학위를 받던 때의 일이다. 당시는 각종 통계자료를 분석할 때 계산기와 공식을 이용하여 손으로 직접 계산을 했다. 컴퓨터란 것은 참고문헌에서나 볼 수 있었지 한국에서 논문을 쓸 때는 별로 이용되지 않았다.

컴퓨터를 이용했던 적도 있었는데, 질문을 만들고 코딩하고 생산성본부에 있는 컴퓨터를 사용하기 위해 기다리던 기억이 난다. 그때만 해도 나는 '첨단의학자'였다.

10여 년 전쯤 아이들이 미국으로 유학을 가는데 컴퓨터를 사줄 일이 있었다. 이런저런 프로그램을 챙기는 와중에 예전에 논문 쓸 때 공식을 이용하여 손으로 계산했던 일을 무용담처럼 이야기해 주었더니 아이들은 이해할 수 없다는 표정을 지었다. 요즘은 컴퓨터에서 간단하게 사용할 수 있는 프로그램이 있어 데이터 수치만 입력하면 끝나는 일이기 때문이다.

직업상 첨단기술에 대해서는 꽤 많이 접하는 편이라고 생각했지만 실제로는 상당히 뒤처져 있었던 것이다. 더욱이 시니어(Senior) 교수는 연구원들이나 제자들의 각종 연구논문의 궂은 일을 처리할 경우가 많은데, 이론적으로는 좀 알지 몰라도 실제로는 컴맹 수준임을

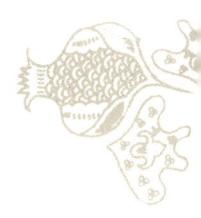

실감할 때가 많았다.

　몇년 전 한 방송국 시청자 위원으로 참여했을 때 기술국 직원들로부터 앞으로 방송은 아날로그에서 디지털 방식으로 바뀐다는 설명을 들은 적이 있는데, 그 의미를 잘 이해할 수 없었다. 그건 다른 위원들도 마찬가지였다. 세대가 비슷한 다른 친구들에게 물어도 아날로그, 디지털 하면 귀찮아하고, 그것을 꼭 알아야 하는지 반문하는 경우가 많았다.

　하지만 일단 궁금증이 생기면 해결해야 하는 성격의 소유자인 나는 나름대로 조사를 했다. 그 가운데서 재미있는 해석을 하나 발견했다. 아날로그, 즉 Analog는 'Ana'와 'Log'가 합쳐진 말인데, 'Ana'는 '뒤떨어지다'라는 뜻의 접두어고, 'Log'는 '통나무, 멍청구리, 바보'란 뜻의 명사다. 다시 말해 아날로그는 시대에 뒤떨어진 멍텅구리란 의미로 해석할 수 있다. 디지털, 즉 DIGITAL은 다음 단어들의 머릿글자를 따온 것으로 볼 수 있다. 모든 면에서 달라야 한다는 뜻의 'Different', 재미있고 흥미로워야 한다는 뜻은 'Interest', 모든 시공을 초월해 전 세계가 국경 없는 하나의 시장이라 생각해야 한다는 'Global', 경쟁력의 우열이 지식의 창출에 의해 좌우된다는 의미의 'Intelligence', 각자 타고난 재능을 개발해 한 분야에서 뛰어난 사람이 되어야 한다는 의미의 'Talent', 주저하거나 부끄러워하지 말고 기회가 오면 적극적이고 공격적으로 달라붙으라는 의미의 'Aggressive', 빛처럼 밝고 빠르게 행동하라는 의미의 'Light'.

각자의 인생을 아날로그에서 디지털로 바꿔야 살아남을 수 있음을 절감했다. 하지만 무조건 바꾸는 것이 최선이고 능사는 아니다. 누군가는 옛것을 지키는 우직함의 철학으로 자칫 뿌리를 잃을 수 있는 변화의 소용돌이 속에서 중심을 잡아야 하지 않겠는가.

다 쓰고 죽자

대개 내 나이쯤 되면 여러 계층의 다양한 사람들을 만나게 된다. 그렇게 만난 사람들과의 대화도 자식들 이야기, 친구의 근황, 나라 걱정, 섭섭했던 사람들에 대한 감정, 취미 등 다양하다. 또 직업이 의사이다 보니 지인들의 건강 상담을 하는 경우도 꽤 많다.

최근 한 모임에서 재미있는 이야기를 들었다. 모임의 명칭이 '쓰죽회'인데, '쓰'고 '죽'자 모임이란 뜻이란다. 재산을 많이 모으진 못했지만 죽을 때 가져갈 것도 아니니 다 쓰고 죽자는 취지라 했다. 그래서 계층 간 위화감을 조성한다고 비난받을지도 모르겠지만 50만 원씩 회비를 내서 그 달에 다 쓰는 게 모임의 원칙이었다.

이 이야기를 듣고 여러 가지를 생각하게 되었다. 어찌 생각하면 나와 같은 세대의 사람들은 1940년대 태어나 '보릿고개'와 '천막교실'로 대변되는 가난했던 어린 시절을 보내고, 대학생활은 4·19, 5·16과 같은 굵직한 정치적 소용돌이 속에서 시위로 점철되었으며, 그 후에는 '조국 근대화'의 구호 아래 새벽부터 밤중까지 국가의 경제 발전과 가족의 행복을 위해 희생하며 살아왔다. 쌀이며, 옷, 연필, 공책이 귀했던 경험으로 근검절약이 몸에 뱄으며, 호떡 한 개, 자장면 한 그릇을 최고로 알았다. 가난을 숙명으로 받아들이지 않고 극복했던 세대라 자부한다. 하지만 지금은 '젊은 피'에 밀려나는 신세가 되었다.

스테판 폴란이란 미국 사람이 쓴 『다 쓰고 죽어라』라는 책이 있다. 이 사람과 우리들의 삶은 너무 달랐지만 공감할 수 있는 부분이 많았다. '인생을 즐겨라' '자녀들에게 돈 대신 멋진 추억을 남겨라' 등 베이비붐 세대들이 좋아할 노년철학이 특히 그랬다.

그가 말하는 노년 준비 비법 4가지는 곱씹어볼 만하다.

첫째, 직장은 평생을 보장하지 않는다. 당신은 오직 용병일 뿐이다. 좋은 조건을 제시하는 곳이 있으면 서슴지 말고 옮겨라.

둘째, 반드시 현금을 사용한다. 현금을 사용하면 땀 흘려 번 돈을 실감할 수 있고 낭비를 줄일 수 있다.

셋째, 은퇴하지 말라. 은퇴하면 영원한 휴가를 즐길 수 있다는 환상에서 깨어나라. 지루하고 따분해서 건강도, 정신도 녹슨다.

넷째, 다 쓰고 죽어라. 유산이 없으면 자식들이 서로 다툴 일도, 가산을 탕진할 일도 없을 것이다.

투자 10훈

　나는 주식에 대해서 아는 것도 없고 투자해 본 적도 없다. 그러나 최근 들어서 좀 알아야 하지 않을까 하는 생각도 들고, 현대인이라면 주식에 대한 기초 지식은 필요하다 싶어 특성화 선택을 한 4학년 학생에게 주식에 대해 공부한 후 수련의들에게 발표하라는 과제를 주었다.

　1970년대 미국에서 전공의를 할 때 메트로폴리탄 메디컬 센터에 파견나간 적이 있었다. 그 병원에는 의사휴게실이 있었는데, 대개 회진 후 의사들이 모여 담소도 하고 간단한 간식을 먹는 곳이었다. 그런데 거의 모든 의사들이 경제지로 유명한 〈월스트리트 저널〉을 읽었고, 특히 주식과 채권에 깊은 지식과 관심을 보였다. 나중에 알고 보니 실제로 주식과 채권에 직접 투자를 하는 사람이 꽤 많았다.

　귀국 후 학교에 돌아온 다음에는 주식이라는 것과 접촉할 기회가 전혀 없어서 잊고 있었는데, 퇴직한 교장 선생님의 부인을 진료하면서 다시 주식과 마주하게 되었다. 부인은 혈압이 상당히 높고 심한 불안과 초조에 시달리고 있었는데, 알고 보니 남편의 퇴직금을 몽땅 주식투자에서 잃었다는 것이다. 그래서 잠도 잘 안 오고 미칠 것 같다고 하면서 증권사를 비난하고 주식을 하라고 꼬드긴 사람을 비난하고 스스로의 잘못에 괴로워했다. 이 부인을 치료하려면 주식에 관해서도 알아야겠다는 생각이 들었다. 그래서 앞서 말한 과제를 냈고, 그 이후에도 의과대학생들의 실습 때 전공의들이 로테이션할 때 주식에 대하여 질문도 많이 하고 짧은 지식이지만 설명해 주기도 했다.

지방 강연을 하고 돌아오는 비행기 안에서 읽은 한 경제지의 투자 10훈은 많은 사람들에게 알려야겠다는 생각이 드는 충고였다.

1. 천장에서 사지 않고 바닥에서 팔지 않는다.
2. 쉬는 것도 투자다.
3. 산이 높으면 계곡도 높다.
4. 시세는 시세에게 물어라.
5. 주가는 시장에너지로 움직인다(주식을 사려는 세력이 많을 때 주가가 오르며, 고객예탁금이 가장 중요한 신호다).
6. 경계심이 강할 때는 좀처럼 천장을 치지 않는다.
7. 대량 거래가 지속되면 천장의 징조다.
8. 기록은 항상 깨지는 것이다.
9. 시장에 순응해야 한다.
10. 사는 것보다 파는 것이 어렵다.

이카루스의 역설

고등학교 동창 중에 견실하게 기업을 경영하고 있는 친구가 있다. 연간 매출이 2, 3천억쯤 된다고 하니까 중소기업보다는 약간 큰 정도다. 한때 그 친구는 무리하게 사업을 확장하다가 부도를 내서 큰 곤욕을 치른 적이 있다. 그는 지금도 이렇게 후회를 하곤 한다.

"그땐 내가 철이 없었어. 젊은 패기로 한번 크게 사업을 해보려다가 거의 빈털터리가 되었으니까."

어쨌든 그 친구는 재기에 성공했고, 초기의 실패를 통해 더 큰 교훈을 얻은 덕에 외환위기 때도 큰 바람을 타지 않고 그럭저럭 회사를 키울 수 있었다. 외환위기 당시 그 친구를 만나 사업이 잘돼냐고 물으면 항상 이렇게 대답하곤 했다.

"괜찮아, 무리하지 않으니까."

나는 우리 사회가 외환위기를 겪으면서 소중한 교훈을 얻었다고 생각한다. 우리 자신의 처지를 제대로 파악한 것이 바로 그것이다. 그동안 우리는 스스로 부유한 나라의 국민이라 믿으며 살아왔다. 어느 설문조사 결과가 말해주듯 우리 국민의 약 80%는 자신이 중산층이라 생각하며 살아왔던 것이 사실이다. 우선 쓰고 보자는 무절제한 소비가 만연했고, 기업하는 사람들도 은행 빚을 얻어 사업하는 것을 당연시했다.

하지만 우리는 외환위기를 맞았고 빚더미에 올라 허덕거리는 자신의 실상을 보고 모든 것이 거품이었다는 사실을 분명히 알았다. 하루아침에 수많은 기업들이 도미노처럼 쓰러졌고, 거리에 실직자가 넘쳐나는 것을 본 후에야 우리는 다시 정신을 바짝 차리게 되었다.

그리스 로마 신화에는 새가 되려고 했던 이카루스에 관한 유명한 이야기가 있다. 크레타의 왕 미노스는 우두인신의 괴물 미노타우로스를 가두기 위해서 다이달로스에게 미궁을 짓게 했다. 하지만 미궁이 완성된 후에는 미노타우로스뿐 아니라 다이달로스와 그의 아들 이카루스도 가둬버렸다. 부자는 탈출을 위해 깃털로 두 쌍의 날개를 만들고, 연습을 한 후 공중으로 날아 올랐다. 그런데 아들 이카루스는 아버지의 주의를 잊고 너무 높이 태양 가까이까지 날아 올랐다. 결국 깃털을 붙이고 있던 왁스가 녹아버렸고 이카루스는 그대로 추락하여 죽고 말았다.

여기서 '이카루스의 역설'이라는 경제용어가 나왔다. '이카루스의 역설'이란 어떤 개인이나 조직, 국가가 초기의 성공에 너무 집착하면 바로 그 때문에 실패를 자초하는 것을 말한다. 마치 외형적인

크기에만 집착하다가 결국 외환위기라는 경제 위기를 맞았던 우리의 경우처럼 말이다.

아무리 맛있는 음식도 과하게 먹으면 반드시 탈이 나게 마련이다. 무리하게 욕심을 내면 그 결과는 반드시 되돌아온다. 그것이 어디 국가 경제뿐이겠는가?

우리의 인생살이 역시 분수를 넘어서 과속하면 반드시 사고를 당하게 된다. 모자라지도 넘치지도 않게 사는 지혜, 그것이 지금 우리에게 가장 필요하다.

젊은 피

정치권에서 괴상한 용어 하나가 튀어 나왔었다. '젊은 피'. 이 용어는 이제 친구들과의 대화 속에서도 심심찮게 등장한다. 한 친구는 '젊은 피'에 빗대어 자신은 '점잖은 피'라고 농담을 하기도 한다.

젊은 피든 점잖은 피든 '피'라는 말에서는 생명이 연상되고 종교적인 분위기가 느껴진다. 그리스도의 피가 인간을 구원한다고 믿는 기독교를 '피의 종교'라고 한다는 것도 이 연상과 무관하지 않다. 왜 그리스도의 피만이 구원할 수 있었을까? 죄인의 피는 죄인을 구원하지 못하기 때문이다. 이것이 바로 기독교의 '구원교리'다.

썩을 대로 썩고 낡을 대로 낡은 우리나라 정치를 회생시켜 미래를 확보하기 위해서는 '젊은 피'의 수혈이 필요하다고 한다. 젊은 피 하면 대표격이 386(30대, 80학번, 60년도 출생)세대가 떠오르는데, 386세대도 스스로를 '젊은 피'라 여기고 있는 듯하다.

피는 혈장과 혈구로 되어 있다. 피는 늙은 피와 젊은 피로 구별되어 존재하지 않으며, 각각의 혈구는 자연적인 수명이 있어 그 수명이 다하면 죽고 새로운 혈구가 생성된다. 때문에 우리 몸속의 피는 항상 새롭다. 따라서 건강한 사람은 수혈이 따로 필요 없다. 하지만 갑자기 출혈을 많이 한 경우는 수혈이 필요하다.

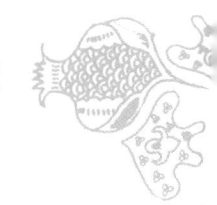

　현재 정치권의 정치인들이 많이 없어졌거나 있어도 제 기능을 발휘하지 못하는 빈혈 상태인 경우 수혈이 필요하겠지만 괜한 수혈은 오히려 피를 증가시켜 더 큰 문제만 초래할 뿐이다. 따라서 병들고, 썩고 새로운 미래를 창조할 힘이 없어서 수혈이 필요하다면 '교환수혈'이 필요하다. 기성 정치인들을 솎아내고, 새로운 사람을 집어넣는 소위 '사람 바꿈'이 요청되는 것이지 충원이 필요한 상황이 아니다.

　수혈이든 교환수혈이든 함부로 할 것이 아니다. 우선 환자에 대한 정확한 진단이 필요하고, 어떤 혈액형인지 파악한 다음 수혈할 피가 에이즈나 간염, 성병에 감염되었는지 검사해서 확인해야 한다. 그런 다음 나쁜 피는 뽑아내고 깨끗하고 건강한 피를 넣어주는 것이 이상적인 교환수혈이다.

　하지만 과연 지금의 정치권이 교환수혈만으로 효과를 볼 수 있을까? 또 새로운 피로 투입할 사람들은 과연 어떤 상태일까? 확실한 것은 존재하지도 않는 '젊은 피'가 아니라, 정상적이고 건강한 피가 가장 적합하다는 원칙이다. 정상적이고 건강한 피란 국민의 기본 의무인 납세, 교육, 국토방위의 의무를 수행하고, 각자 맡은 분야에서 한

눈팔지 않고 최선을 다하며, 겸손하고 작은 일에도 기뻐하고, 슬픈 일에는 눈을 지그시 감고 눈물을 삼켜온 사람들을 말한다. 나이가 젊어서 젊은 피가 아니라 나이에 관계없이 점잖게 살아온 점잖은 피가 필요한 것이다.

하바드 클럽

지금도 그런지는 몰라도 미국 미네소타 대학교 유학시절 소위 교포신문에 대학 입학 때가 되면 큰 글씨로 "교포자녀 ○명 하버드에 입학하다"라는 기사가 반드시 실렸다. 미국 생활 초기에는 한국 사람의 정서로 생활하다 보니 소위 하버드 대학교 입학이 굉장한 것처럼 여겨지고 한편 부럽기도 하였다. 미국 생활에 조금 익숙해졌을 때 미국 친구들과 얘기 도중 한국 교포신문의 기사를 얘기했더니 "funny"라고 하며 하버드 대학교 입학이 뭐 별 거라고 하는 표정들이었다. 대수롭지 않은 것으로 여길 뿐 아니라 오히려 "그 친구 부모가 돈이 많은 모양이다"는 가벼운 반응이었다.

미국의 한국 교포를 만나면 자녀들이 아이비리그 또는 우수한 대학교에 다니는 것이 큰 자랑거리다. 한마디로 미국 사람의 입장에서 보면 'funny'라고 표현될 일이다. 학벌은 중요하다. 그러나 각자의 생각과 형편, 특히 경제적 형편에 따라 대학을 지망하는 미국 젊은이들에게 한국 교포의 이상한 집착은 말 그대로 'funny'일 뿐이다.

얼마 전 고등학교 동기 모임에 참석한 적이 있다. 졸업 후 오랜 세월이 흘렀지만 그때처럼 참석률이 높았던 적은 없었다. 정말 오랜만에 만나는 동기생들도 꽤 많이 눈에 띄었고, 분위기도 상당히 적극적이었다. 오랜만에 만나는 친구들에게 뭐하고 지내느냐고 물으니 '하바드 클럽'에 나간다고 했다. 그게 뭐냐고 물으니 낄낄 웃으며 돌려주는 답이 '나 퇴직했어'다. 그러면 퇴직하고 다시 나가는 직장이 하바드 클럽이냐고 물으니 한심하다는 표정을 지었다. 그때 옆에 있던 다른 동기생이 '하'는 일 없이 '바'쁘게 '드'나드는 클럽으로 소위 백수들 모임이라고 설명해 주었다. 말도 참 재미있게 지었다고 생각하며 박장대소 하였다.

중고등학교 6년 '네가 세상에서 제일이다'라는 엘리트 교육을 받으며 정말 내가 세상에서 제일가는 사람이 되겠다던 소년의 꿈이 엊그제 같은데, 각자가 자기 위치에서 고등학교 시절 늘상 들어왔던 '그 자리에 없어서는 안 될 사람'으로 부단히 노력하고 생활했는데, 이제 백발이 된 친구, 대머리가 되고 얼굴에 생활의 고뇌가 한껏 드리운 친구, 벌써 어깨와 허리가 구부정한 친구, 계속 술만 마시고 줄담배를 피워대는 친구…세월은 우리들을 이렇게 변화시켰다.

인류학자인 마거릿 미드는 78세의 생일파티에서 퇴직(은퇴)하느니 오히려 죽는 편이 낫겠다고 했다. 할 수 없이 사회의 제도, 법률의 구속으로 일생 동안 최선을 다했던 직장에서 떨어져 나올 수밖에 없었던 동기생들을 보며 무엇인가 이제는 우리 사회도 달라져야 한다고 느꼈다. 그래서 '하바드 클럽'이 가장 멋진 클럽으로, '하'는 일이 많아서 '바'빼 '드'나드는 클럽으로 변하기를 바란다.

오른손이 한 일을 왼손이 모르게 한 신부님

예수를 믿든 안 믿든 '오른손이 한 일을 왼손이 모르게 하라'(마태복음 6장 3절)는 구절은 누구나 알 것이다. 그러나 이 구절은 농담과 유머의 소재로나 들어봤지 이를 실천하고 있는 사람을 본 적이 없다. 물론 나 자신도 이 성경 말씀에 반해 생활했다. 어떻게 하면 얼굴이 알려질까? 뺑도 치고, 분칠도 해서 타인에게 굉장한 존재로 부각되려고 무단히 애썼는지도 모른다.

각종 일간신문의 개인 동정란에 세계인명사전 등에 이름과 업적이 실렸다는 것처럼 별것 아닌 일이 굉장한 뉴스나 된 것처럼 커다란 지면을 떡하니 꿰차고 있는 고소를 금치 못하게 하는 일들도 가끔 있어, 신문에 소개된 사람을 탓할지 언론의 무지함을 탓할지 모를 때가 있다.

며칠 전 전기 공사를 주로 하는 기업을 경영하는 젊은 사장이 찾아와 평소 잘 아는 외국인 K신부에 관한 얘기를 들려주었다. "K신부님은 정말 훌륭한 분입니다. 서강대학교에 다닐 때 K신부님이 운영하시는 야학에서 일한 적도 있었지요."

어느 날 중학교 3학년 되는 아이가 야학에 들어왔단다. 이 소년은 어머니를 괴롭히는 사람을 죽일 뻔해서 교도소에서 3개월 복역하고

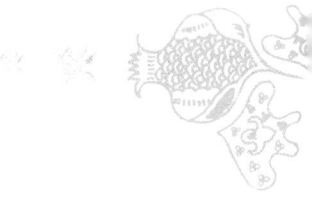

나온 참이었다. 소년이 야학에 들어온 다음날부터 K신부는 학교 뒷산에서 그에게서 태권도를 배우더란다. 그때 K신부가 학교 뒷산에서 매일같이 태권도를 배우고 연습하는 것을 본 학생들은 숙제를 무지하게 많이 내고 지독히 학점이 짠 K신부가 이제는 태권도까지 배워서 우리를 패려고 하는구나 하면서, 농담 반 진담 반으로 걱정할 정도였다고 한다.

K신부는 소년에게서 장장 6개월간 태권도를 배웠다고 한다. 나중에 그는 K신부의 태권도 강습의 진짜 이유를 알게 되었다. 소년이 유일하게 잘하는 것이 태권도였는데, K신부는 소년의 자존심을 건드리지 않으려고 태권도 교습을 받는다는 조건으로 월 10만원을 주기로 한 후 꼬박 6개월을 배웠던 것이다.

K신부는 그 외에도 고아나 가난한 학생들에게 많은 도움을 주었지만, 남모르게 한 일인데다 본인도 말을 하지 않아 짐작만 할 뿐이라고 말했다.

내가 근무하는 학교에 선교사 자손인 미국인 의사가 있다. 하루는 이 친구가 조선족 여자의 입원비를 대신 내주려고 하니 자기가 쓸 수 있는 돈 250만 원을 달라고 하더란다. 그러나 돈은 사용할 수 있는 용도가 명기되어 있어서 그 용도에 맞추어야 할 것이라고 했더니 입원비를 내준 영수증을 주면 안 되냐고 하기에 웃었던 적이 있었다고 한다.

　나도 한번쯤은 오른손이 한 일을 왼손이 모르게 해야 하는데 쉽지 않음을 깨닫는 현실이 씁쓸하다.

고아와 입양

한국복지신문사에서 매년 개최하는 한국 평화복지인물 수상자의 심사위원으로 위촉을 받아 수상자를 선정한 적이 있었다. 복지 분야에 경험과 지식이 부족한 나로서는 오히려 심사보다는 배움이 더 많았다. 세상에는 알려지지 않는 곳에서 묵묵히 봉사하는 사람들이 많다는 것을 다시 한 번 알 수 있는 기회였다.

심사가 시작되기 전 이 얘기 저 얘기를 하던 중 고아 문제가 화제가 되었다. 심사위원 중에는 실제로 복지단체를 만들어 운영하는 분이나 사회복지학과 교수들이 있었는데, 그분들 말씀으로는 아직도 우리나라에는 고아가 많다고 한다. 상당히 많은 아이들이 버려지고 있는데, 입양은 잘 이루어지지 않기 때문이란다. 한국 사람들은 고아를 입양하는 데 상당히 인색하고 입양 후에도 병이 나거나 하면 다시 파양하기 일쑤이고, 해외입양은 언론에서 고아 수출국이네 하며 하도 말이 많아 거의 불가능하다고 한다.

약 20년쯤 전의 일이다. 하루는 잘 알고 지내는 교수 친구 집에 아내와 함께 놀러갔더니 귀여운 여자 어린아기의 울음소리가 들렸다. 친구 부인에게 늦둥이 아기를 언제 소리 소문 없이 낳았느냐고 하며 금슬도 좋다고 농담을 했더니 크게 결심하고 아기 한 명을 더 낳았다고 대답했다.

나중에 친구가 들어와서 나에게 살짝 말해줬다. "사실은 입양했어. 자네도 한 명 입양해!" 친구 집에서 돌아오는 길에 아내에게 우리도 한 명 입양해 키우자고 했더니 아내가 정색을 하며 말했다. "당신! 무슨 입양이 장난인 줄 알아요. 정말 마음속에 진실한 애정이 없으면 안 되는 것인데, 나는 자신이 없어요." 지금 그 친구가 입양하여 키운 아이는 벌써 대학생이 되어 예쁘게 잘 크고 있다.

2000년 8월 2일 모든 언론 매체에 고아 하면 연상되는 홀트아동복지회의 설립자인 버서 홀트(96세) 여사가 별세했다는 기사가 실렸다.

미국 서부 오리건 주에서 유복하게 살던 홀트 부부는 1955년 6·25 전쟁 고아들의 비참한 삶을 다룬 다큐멘터리를 보고 이제부터 이 아이들의 부모가 되어주자며 8명의 한국 고아를 입양했다.

이렇게 시작한 입양의 불씨는 큰 불길이 되어 홀트국제아동복지회로 발전했다. 홀트국제아동복지회는 40여 년 간 세계 10개국에 한국 고아 7만여 명을, 국내에도 1만7천5백 명을 입양시켰다. 그는 전 재산을 한국의 고아를 위해 썼고 둘째딸 말리 홀트 씨는 1956년에

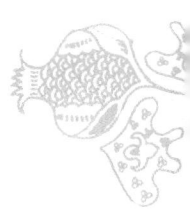

  한국에 와서 40여 년 간 독신으로 지내며 홀트 일산복지타운에서 장애인을 위해 헌신하고 있다.

  홀트 여사의 인종과 국가를 초월한 헌신적 사랑의 봉사는 우리에게 많은 것을 시사해 준다. "한국 땅에서 눈감고 싶다!" 던 버서 홀트 여사의 명복을 진심으로 빈다.

말투

　재수하던 아들 녀석이 EBS 강좌의 비디오테이프를 사달라고 한 적이 있었다. 마침 EBS에 출연할 기회가 있어서 방송을 끝내고 아래층에 있는 비디오테이프 가게에 들어갔다. 가게 안에는 막내딸쯤 되어 보이는 점원이 있었다. 대뜸 이러이러한 테이프가 있느냐, 얼마냐 하고 묻는데, 갑자기 질문을 했다.
　"저 언제 만나신 적이 있어요?"
　멍하니 서 있었더니 다시 묻는다.
　"저를 아세요?"
　우물우물 하고 있는데 그 점원이 얼굴을 붉히며 말했다.
　"처음 뵙는데 왜 반말을 하세요?"
　한 대 얻어맞은 기분이 들었으나 곧 반말 한 것을 사과했다.
　또 한번은 이런 일이 있었다. 무역업을 하는 분과 어울려서 운동을 하다가 우연히 '의사'가 화제에 올랐다. 내가 의사고 또 그분의 부인이 림프암으로 많은 고생을 하고 있어서 그런지 의사며, 병원이며, 병 등에 대하여 대화를 나누었다. 그러던 중 대뜸 이렇게 말했다.
　"의사들 왜 그래요! 특히 젊은 의사들 말인데요. 반말로 하는 거

정말 기분이 나쁘더라고요. 그 말투 좀 고칠 수 없을까요?"

전자의 경우는 나이가 좀 들었다고 젊은이한테 반말하다가 망신을 당한 경우고, 후자는 젊은이가 나이든 사람에게 반말을 해서 생긴 일이다.

때로는 권력이 있거나 유명한 사람을 호칭할 때 형이란 표현을 남발하는 사람들을 흔히 볼 수 있다. 무척이나 친하고 가깝다는 것을 남에게 과시하려는 듯한 태도일 것이다. 그러나 이는 잘못된 것이다. 설령 무척이나 가깝고 친하더라도, 아니 그럴수록 남들 앞에서 공손히 존대하는 태도가 올바를 것이다. 공사석 구별 못 하고 사리분별없이 방약무인하게 호칭하는 것은 스스로의 품위를 실추시키는 행위다.

물론 그런 호칭을 듣는 당사자 입장에서는 오히려 친근감을 느끼며 반갑게 생각할 수도 있다. 개인적인 경험으로 볼 때 너무 예의바른 말도 결코 반갑지 않고 오히려 거리감을 느끼는 때도 가끔 있다. 분명히 나이도 많고 학교도 선배인데 계속 존대로 대화를 나누면, 예의바른 사람이라고 생각하면서도 솔직히 인연이 없는 사람으로 느껴지기 때문이다.

하루는 나와 같이 지내는 사무원에게서 말 중에 욕이 너무 많이 들어간다는 충고를 받은 적이 있다. 제삼자에 대해서 얘기할 때 이놈 저놈 하는 경우가 많고 또 국가 최고지도자를 말할 때도 가끔 대통령이라는 놈이라는 표현을 쓰는 습관이 있다 보니 직원이나 제자들에게 예의바른 교수라는 소리는 못 듣는 것 같다.

이런 말투에 사실 악의는 전혀 없다. 그러나 나도 모르게 내 존재를 과시하려 했던 것은 아닌지 하는 반성을 하게 된다. '삼복백규' (三復白圭. 백규로 시작하는 시를 세 번 반복한다는 말로 말을 깊이 삼가라는 뜻) 라는 고사성어처럼 신중해야겠다.

의사 취직하기

나 같은 교수 의사는 학생을 가르치는 일 외에도 여러 가지 역할을 해야 할 경우가 종종 있다. 그중에서도 제자들을 직장에나 타인에게 소개하고 추천하는 것은 아주 중요한 일의 하나다. 나 또한 매년 전문의가 된 제자들을 각급 의료기관에 소개하고 또 추천한다.

이런 경우 대부분의 병원장들은 인간성이 좋고 나이가 좀 들어 보이고, 환자에게 친절한 사람을 추천해 달라고 한다. 반면 제자들의 경우는 대부분 월급이 괜찮고 서울이나 근교에 위치해 다른 것 신경 안 쓰고 전공의 때 배운 학문과 기술을 발휘할 수 있는 병원을 추천해 달라고 한다.

나는 양쪽의 입장과 조건들을 충분히 고려해 추천을 하는데, 이 일이 갈수록 힘든 문제가 되고 있다. 몇 년 전만 해도 추천해 달라는 병원이 더 많아서 가끔씩은 제자를 추천해 달라고 부탁하는 자리에서 저녁 대접을 받기도 했는데, 최근에는 오히려 거꾸로 되어버렸다. 제자들을 취직시키기 위해 병원장들에게 저녁을 사야 하는 입장으로 바뀌어버린 것이다.

그런데 제자들은 갈수록 생각이 어리고 짧다. 전공의 수련을 끝내고 전문의가 되면 마치 군대에서 별을 단 것처럼 착각을 하는 경우도 종종 있다. 심지어 정말 별별 짓을 다해서 취직 자리를 겨우 마련해 놓았는데, 인터뷰 한번 안 하고는 가지 않겠다며 불평을 하는 경우도 있다. 조건이 안 맞는다는 것이다. 그 병원이 자기를 위해서 존재하는 것으로 착각하고 있는 것일까.

그래서 최근에는 전공의를 수료하고 갓 전문의가 된 제자들을 모아놓고 일장훈시를 할 때가 많다.

"섭섭하지만 현실을 직시해라. 웬만하면 그 병원의 여건에 맞춰서 일하라"고 충고도 한다. 그리고 아주 꼭 들어맞는 예는 아니지만 한 말라리아 전문가의 얘기를 들려준다.

어느 말라리아 전문가가 강연을 마친 후에 청중이 다음과 같은 질문을 했다고 한다.

"박사님 말라리아를 박멸하려면 어떻게 해야 되겠습니까?"

이 질문을 받은 말라리아 전문가는 다음과 같이 답변을 했다.

"모기처럼 생각하고 행동하고 식사를 하면 말라리아를 박멸할 수 있습니다."

어느 집단이든 그곳에 소속해 일을 할 때는 제일 먼저 그곳의 특성을 파악하고 그 바탕 위에서 자신이 할 일을 정해 열심히 노력해야

한다. 그래야 어떤 일이든지 성공할 수가 있다. 병원에서 일을 하는 것도 마찬가지다. 자신의 눈높이에 딱 맞추어 병원을 정할 수는 없는 것이다.

설령 운 좋게도 그런 일이 가능하다 해도 그런 선택이 길게 보면 꼭 탁월한 선택이 되는 것은 아니다. 어떤 사회나 집단을 볼 때 어려움이 많고 난관이 많을수록 사실은 그 속에 자신의 능력을 발휘할 수 있는 좋은 기회가 숨어 있다는 걸 알아야 하는데, 아직 나이가 어리고 인생 경험이 짧은 제자들은 이런 생각을 못하는 것 같다.

아무런 노력도 없이 병원이 자기에게 맞추라고 하는 식으로 해서는 편하기는 하겠지만 자기성취나 성공은 어렵지 않겠는가. 제자들이 이제는 의사도 취직도 맞춤복 시대가 아니라 기성복 시대임을 깨달아야 할 텐데 걱정이다.

또 한 가지 제자들을 보면 늘 부탁하고 싶은 것이 있다. 건강관리나 자기관리를 보다 철저하게 끊임없이 하라는 것이다. 몸과 마음이 건강하지 못한 의사는 환자를 잘 돌보기도 어렵지만, 환자들에게 신뢰를 주기도 어렵다. 그러니 몸과 마음의 건강은 의사라는 직업을 가진 사람들이면 누구나 제1 수칙으로 삼아야 할 것이다.

수능과 자퇴

요즘 TV 뉴스를 볼 때 나오면 무조건 다른 채널로 돌려버리는 것이 있다. 수능시험이다 대학 입학이다 하는 뉴스가 바로 그것이다. 아이들의 고등학교 시절이 생각나는 것 같아 일종의 스트레스를 느끼기도 한다. 꼭 대학에 가야 하는가? 꼭 일류대학에 가야 하는가? 물론 그 답은 '꼭 갈 필요는 없다'라고 할 수 있다.

생각은 이렇지만 둘째 딸과 막내아들에게 한방 먹었던 적이 있다. 지금은 모두 일류대학을 졸업했지만 첫 대학입시에는 둘 다 실패했다. 나는 재수라는 고통을 덜어주기 위해 아무데나 가서 열심히 하면 된다고 달랬더니 정색을 하고 항의를 했다. 아빠는 일류병이 있어서 은연중에 일류 아닌 것은 우습게 본다는 것이다. 그리고 이 일류병이 자기들에게는 큰 스트레스였다고도 했다.

어느 잡지에서 '자퇴생, 어떻게 바라볼 것인가'라는 제목의 글을 읽고 깜짝 놀란 적이 있다. 일반 고교의 경우 자퇴나 휴학을 한 학생 수가 2만 명을 넘는다고 했다. 이들을 포함해 이런저런 이유로 학교를 떠나는 학생이 매년 중학생 2만 명, 고등학생 5만 명 등 7만 명에 이른다고 한다. 자퇴의 이유는 가출, 비행, 장기결석, 학습 및 학교생활 부적응, 가정 형편, 유학, 질병 등 다양하다. 특이한 것은 입시

위주의 틀에 얽매인 학교보다는 내 의지대로 살 수 있는 학교 밖의 세상을 선택해 나가는 아이들이 늘고 있다는 것이다. 중고등학교 학생들의 학교수업 만족도는 겨우 20%에 불과했다.

잘 아는 부부가 있는데, 남편은 경기고와 서울대를, 부인은 이화여대를 졸업하였고, 재산도 거의 재벌급에 속한다. 이들은 가톨릭 신자라서 아이가 일곱인데, 넷째 딸에 대해서 의학적인 조언을 구해 왔다. 무슨 병이 있느냐고 물었더니 신체적인 병은 아닌데, 학교를 자퇴하겠다고 한다는 것이다. 신체적 질병보다 오히려 더 심각하다고 했다. 혹시 그 이유를 아느냐고 물었더니 하루는 자기들에게 이제는 학교가 적성에 맞지 않아서 자퇴하고 만화가가 되겠다고 하더란다. 어이가 없어서 여러 가지로 설명도 하고 달래고 야단도 쳐봤으나 결국 자퇴하고 지금은 집에 있다는 것이다. 그래서 이 아이가 정신병(?)에 걸린 것은 아닐까 걱정돼서 나에게 물으러 온 것이었다.

나는 정신과 의사는 아니지만 뭐 이상한 게 있거나 느껴지더냐고 물었다. 별것은 없으나 학교를 자퇴한다는 것 자체가 이상한 것이 아니냐고 부부는 반문했다. 그래서 만화나, 그림을 잘 그리느냐고 물었더니 그렇지는 않고 만화를 아주 좋아해서 많이 보고 읽는다고 했다. 그래서 나는 그 아이를 직접 만나기로 했다. 아이는 똑똑하고, 확실하고, 지극히 정상적인 소녀였다. 꼭 만화가가 되고 싶은데 정규 공부는 도움이 안 되고 짜증스럽기만 해 집어치우겠다는 것이 아이의 생각이었다. 거짓 없는 이 아이에게 무슨 말을 해줄까 생각해 봤으나 딱히 없었다. 단지 이 아이가 우리 사회의 잘못된 편견을 이해할 수 있을까, 거기에 희생되지 않을까 하는 걱정만이 앞섰다. 우리 사회의 잘못된 인식 즉 '자퇴학생=문제학생'이라는 등식이 하루빨리 불식되고 이런 자퇴생을 위한 대안학교가 활성화되기를 바랄 뿐이었다.

캥거루 족

어느 날 미국에 사는 시집간 둘째 딸이 전화를 했다. 내용인즉 외손녀를 데리고 서울에 한두 달 와 있겠다는 것이다. 사위가 미국 메이요 클리닉(Mayo Clinic)에서 내과 레지던트를 하다 보니 살림하고 어린애 돌보느라 산후 조리도 잘 못해서 피곤하니 쉬러 오겠단다. 우리 부부는 무조건 환영했다. 보고 싶은 딸과 외손녀를 만날 수 있다는 기쁨으로 가슴까지 설렜다.

엄마가 된 둘째딸은 역시 아이에게 지극하였고 우리가 늘 하던 '자식은 눈에 넣어도 아프지 않다'는 말을 정말 실감한다고 했다. 우리는 그런 딸의 모습이 대견했고 6개월 된 외손녀에 대한 그 '모성애'에 뿌듯함을 느꼈다.

1980년대 초반 외국인 진료를 전담할 때에 당시 외국인 기업, 대사관 등에 대해 거의 독점으로 주치의처럼 일해서 그런지 능력 있는 외국 젊은이들을 만날 기회가 자주 있었다. 나이는 대부분 20대 후반, 30대 초반이었지만 의젓하고 책임감 있고 성숙했다.

종종 대학생, 대학졸업생, 심지어 결혼한 자식들을 데리고 내게 진찰을 받으러 온다. 내가 느꼈던 외국의 젊은이들과 비교해 보면 확실히 우리나라 젊은이들은 성숙하고 독립하는 게 매우 더딘 편이다.

  프랑스에서는 독립할 나이가 지났음에도 부모 곁에서 보살핌을 받는 나약한 젊은이들을 가리켜 '캥거루 족'이라고 부른다. 아기를 주머니에 넣고 다니는 캥거루의 남다른 모성애를 빗댄 것이다.

  '캥거루'는 '나도 모른다'라는 뜻의 말이다. 호주를 발견한 쿡 선장이 숲을 헤매다가 앞발이 짧고 뒷다리와 꼬리가 긴 동물이 껑충껑충 뛰어다니는 것을 보고 원주민에게 물으니 "캥거루"라고 했다는 데서 유래했다.

  캥거루는 태어난 지 10개월쯤 지나면 독립할 능력을 갖게 되고 어미도 역시 다음 임신을 준비한다. 그러나 2년이 지나도록 캥거루는 어미의 육아 주머니 안을 떠나지 않는다.

  또 어미도 젖을 물린 아기 캥거루를 품은 상태에서도 다 큰 캥거루에게 모질게 대하지 못할 뿐 아니라 자기 새끼가 아니더라도 어미를 잃은 새끼를 보면 자신의 주머니 안으로 받아들여 젖을 먹이는 남다른 모생애가 있다.

  그러나 캥거루의 모성애는 결국 의타심과 미성숙이라는 이름의 나약한 젊은이들, 즉 '캥거루 족'을 만들며 자식을 이 사회에서 적응

못하는 보잘것없는 사람을 만들기 십상이다. 모성애는 인간의 초자연적인 최고의 미덕임에는 틀림없다. 그러나 그 모성애가 '캥거루족'을 만들어내고 있는 병폐가 되고 있는 것은 아닌지 경계할 필요가 있다.

병원이 가져야 할 경영 마인드

언젠가 S전자의 해외투자 업무를 담당하던 큰딸과 해외투자 유치에 대해 이야기한 적이 있었다. 큰딸의 얘기를 들으면 투자의 세계가 얼마나 냉철하고, 경쟁적이고, 그야말로 사느냐 죽느냐 하는 살얼음판인지를 실감하게 된다.

최근 의료 환경이 많이 변하고 있다. 의약분업이 시작되고, DRG 지불제도(특정 질병 환자들의 입원 및 진료비의 평균값으로 해당 질병 환자의 의료수가를 책정하는 포괄수가제)가 확대 실시되며, 약 값이 인하된다. 이외에도 의료 환경과 관계가 있는 유가, 물가, 환율, 세금 등에서의 변화가 의료 경영에 상당한 타격을 줄 것이다. 무엇보다도 FTA가 비준되면 의료업계에도 무한경쟁의 파도가 밀어닥칠 것이다.

이런 상황에서 의료 종사자들이 너무나 의기소침해 있는 것이 큰 문제다. 각급 의료기관에서 변화하는 의료 환경에 대처하기 위한 생존전략을 위한 세미나를 비교적 자주 개최하고 있는 것도 이런 배경에서다.

이제 의료도 항상 따라다니는 '인술'(仁術)이라는 표현에 대하여 심각하게 고민해 봐야 할 때에 이르렀다. 어쩌면 인술에 대한 새로운 정의가 요구되는지도 모르겠다. 병의원도 경영 마인드 없이는 존

재할 수 없는 것이 현실이기 때문이다. 병의원이 망하는데 어떻게 인술을 펼 수 있겠는가? 병의원에도 수익을 내는 생존전략이 절실히 요구된다.

그러면 그 생존전략에는 어떤 것이 있을까? 미국의 소매점 체인인 스튜레오나드 사의 규칙은 딱 두 가지밖에 없다. 규칙 제1조는 '고객은 항상 옳다', 제2조는 '그렇지 않다고 생각되면 제1조를 다시 읽어라'이다. 기업이 고객을 잃는 이유 중 가장 큰 원인은 고객과 대립하는 직원들의 불만족스러운 태도이며 그 다음으로는 제품에 대한 불만이다.

기업을 병원으로 치환하면 환자들을 직접 대하는 병원 직원들의 태도가 병원 경영 나아가 생존의 제일 큰 관건이라 할 수 있다. 직원의 태도를 변화시키려는 노력의 일환으로 친절교육을 시켜서 어색한 웃음과 허리가 휠 정도의 인사를 앵무새처럼 실천하는 것도 도움이 될지 모르지만 가장 중요한 것은 병원의 문화(기업문화)다.

예를들어 장신구 제조업체인 아메리칸 이글 아웃피터스 직원들은 청바지 샌들 차림으로 록 음악을 들으면서 근무하는 자유분방한 직장 분위기 덕에 매년 200% 이상 성장했다.

이와는 정반대의 예가 미국의 유명한 종합병원 메이요 클리닉이다. 메이요 클리닉에 가보면 레지던트의 머리 모양, 복장이 엄격히 규정되어 있고 정말 친절하면서 세계 제일이라는 분위기를 느낄 수 있다.

우리나라의 병원도 병원 문화를 통해 뭔가 산뜻한 직장 분위기를 창출해 현재의 암울한 상태를 벗어나 수익도 내고 인술도 펴는 날이 오기를 두 손 모아 기다려본다.

세계 최고라는 함정

세계 최강국이라고 자타가 인정할 수밖에 없는 미국은 프로야구 최종결승을 '월드시리즈'라고 부른다. 그만큼 미국 프로야구 최고가 세계 최고라고 자부한다는 자신감일 것이다. 별로 탐탁지 않을지 모르지만 인정할 수밖에 없는 현실이다.

우리나라의 언론은 동양 최대, 동양 최고, 세계 최초, 동양 최초 등의 수식어를 즐겨 쓴다. 의학, 건강 분야에서도 동양 최초니, 세계 최초니 하는 수식어가 치료법, 진단법, 약 등에 붙어 뉴스를 타는 일이 왕왕 있다. 뉴스의 위력이랄까, 이런 방송이나 신문보도가 나오면 그 질병을 앓고 있는 환자들의 대이동이 시작되어 보도된 기사와 관련 있는 병원, 의사에게 정신이 없을 정도로 환자가 몰려오고 관공서에 더 많은 환자를 진료하도록 조치하라고 요구하는 청원이 쇄도하기도 한다.

그러나 지금까지 보도된 소위 세계 최고, 세계 최초, 동양 최고, 동양 최초는 물론 한국 최고, 최초도 사실이 아닌 것이 많다는 것을 아는 사람은 별로 없다. 나는 한 방송국의 시청자위원으로서 이와 같은 보도를 제발 하지 말아달라고 비판도 해봤으나 별 효과가 없었다. 더군다나 중학교 정도의 상식으로 판단해도 진위가 판단될 엉터리 진단법, 치료법 등이 마구 보도될 때는 꼭 삼국지나 실화야담 같아서 어안이 벙벙하고 의학이라는 학문을 공부하는 사람으로서 허탈감과 무력감을 느낄 때가 많았다.

한때는 채식이 지상 최고인 양 강의되어 암 환자, 난치병 환자가 채식으로 치료하겠다고 퇴원하여 얼마나 많은 희생자를 냈던가? 하물며 의사도 아닌 사람이 TV에서 건강강좌 좀 했다고 하여 그가 의사인 줄 알고 진료받겠다고 야단이라니 참 어이가 없는 세상이다.

건강, 의학 등의 검증되지 않은 보도나 기사는 두고두고 보이지 않게 수많은 사람들의 건강을 해치고 생명까지도 빼앗아간다. 그동안 언론을 통해 많은 신약 개발 소식을 들었지만, 용두사미가 되거나 수입 약품을 바꾼 정도로 판명이 났던 일이 다반사였다.

언론의 사명이 중요하다. 그러나 그 전에 '~ 최고'라는 함정의 무서움을 잊지 말아야 할 것이다.

예술과 철학을 우대하는 나라

　공직자들의 사기 진작이나 건강에 대한 정보 제공을 목적으로 각 시·군·도에서 초청강연 의뢰를 받는 일이 많다. 이런 강연에서는 대개 그 지방의 특성, 대표 토산물, 역사 등을 먼저 간략하게 언급하는데, 대개 그 지방 출신 정치인이나 관계에서 힘 좀 썼던 사람들이 단골 메뉴다. 그래서 나는 그 지방 출신의 예술가, 언론인, 학자 등을 오히려 더 자랑스럽게 여기도록 하라고 지방자치단체의 장이나 공직자들에게 부탁드리기를 잊지 않는다.

　관이나 정치가만을 내세우다 보니 자연히 법과대학 같은 비교적 정치와 권력에 근접한 학과를 택해서 입신출세하는 데 골몰하게 되는 것 같다.

　코소보 사태 당시 NATO가 유고슬라비아를 공습했을 때 대통령궁은 폭격하지 않았다. 궁 안에 유명한 렘브란트의 그림이 있었기 때문이다. 외국여행 중에 특히 유럽 여행 중에 예술가, 문학가, 철학자들의 이름이 붙여진 비행기 공항, 거리 등을 흔히 접하게 된다. 스페인은 가히 예술국가라고 할 만큼 예술가들의 이름이 붙여진 지명이 많았다. 우리나라 음악가인 안익태 거리도 있다.

　스페인의 북부 바르셀로나에서 경험한 일이다. 밤늦게 바르셀로나 거리를 걸어서 야경을 즐기고 있는데 갑자기 인파로 꽉 찼다. 무슨 일인가 하고 살펴보니 길거리에 세워진 커다란 스크린에서 음악회가 중계되고 있지 않은가? 지금은 작고한 그 유명한 테너 파바로티의 연주회였다. 우연히 마주쳤던 바르셀로나의 길거리 야외 스크린 음악회의 정경은 아직도 잊혀지지 않는다.

    예술에는 국경이 없다. 또한 학문에도 국경이 없다. 우리나라에 세계적으로 유명한 학자, 예술가가 존재한다면 음악, 미술을 사랑하는 세계인의 가슴에 감동을 주고 또 그를 통해서 한국도 예술을 사랑하는 사람들이 살고 있는 곳으로 부각될 텐데 하는 아쉬움을 떨칠 수가 없다. 족보를 들추며 몇 대조 누가 판서를 하고, 누가 과거에 급제했는지를 따지는 어리석음에서 이제는 벗어야겠다. 이제 발상의 전환을 가질 때다!

건강한 커리어우먼

여성 미래학자인 페이스 팝콘은 앞으로의 시대를 '이브올루션' (EVEolution)이라고 명명했다. 이브(EVE)가 세상의 움직임을 좌우할 여성으로 진화(evolution)한 것이라는 뜻의 표현이다. 최근 여성의 사회적 지위는 몰라보게 높아졌다. 오히려 금녀의 영역은 줄어들고, 금남의 영역이 늘어나는 추세다.

최근 우리 사회에도 당당히 자신의 영역에서 최고의 능력을 발휘하는 실력 있는 여성들이 늘어나고 있다. 이런 여성들은 더 이상 남성의 파트너로서의 역할에 만족하지 않고 자신들만의 독자적인 영역을 구축해 나가고 있다. 특히 섬세하고 유연한 여성 고유의 특성이 요구되는 분야가 늘어나면서 여성들의 활로는 더 넓어지고 있는 추세다.

나도 다양한 직업에 종사하는 여성들을 많이 접하는데, 그중에는 자신의 일을 사랑하고 자신의 분야에서 최고를 꿈꾸는 여성들이 많다. 전에 케이블 TV방송에서 했던 《윤방부 교수의 여성건강 스페셜》과 같이 여성건강에 관한 내용을 방송하거나 강연할 기회도 많아서 더더욱 여성들의 생활을 눈여겨보게 된다. 사실 나는 다른 사람의 그늘에 기대어 소극적으로 살아가는 여성들보다 당당하게 자신의 목소리를 내며 활동하는 여성들이 훨씬 좋다. 그런 여성들은 여성이기 이전에 한 인간으로서 자신의 삶을 사랑할 줄 알기 때문이다.

그러나 가끔 이런 여성들을 대할 때 안타까움을 느끼는 경우가 있다. 주로 몸이 아플 때 나를 찾아와서 그런지는 몰라도, 일하는 여성들 중에 자신의 몸을 소홀히 하는 경우를 많이 본다. 물론 이들에게 이유가 없지는 않다. 일터에서 여성에 대한 편견과 맞서 싸우랴, 가정에서 아내로, 엄마로, 며느리로 2중 3중의 가사노동을 하랴, 일하는 여성은 몸이 열 개라도 부족할 지경이다.

여성들은 기본적으로 생리적 특성으로 인해 나이가 들면 남성들이 겪지 않는 고유한 여성 병을 경험하기 때문에 체력이 약해질 수밖에 없다. 그러나 일하는 여성이 정기적으로 자신의 몸을 살피는 일은 결코 쉬운 일이 아닐 것이다.

하지만 나는 자신의 일만큼 자기의 몸도 사랑할 줄 아는 여성이 정말 현명한 여성이라고 생각한다. 그저 일과 목표를 향해 무작정 매달리기보다는 "난 소중하니까요"라는 어느 화장품 광고의 카피처럼 자신의 건강을 소중히 다루는 지혜가 필요하다. 모든 것을 얻어도 건강을 잃으면 아무 소용이 없기 때문이다.

언젠가 신문 인터뷰 기사를 보니 KBS에서 당차기로 소문난 황정민 아나운서는 운동광이라고 한다. 수많은 프로그램을 진행하면서도 지치지 않고 항상 톡톡 튀는 목소리와 활기차고 씩씩한 미소를 잃지 않는 비결이 바로 운동에 있었던 것이다.

그녀는 대학 때부터 늘 운동을 했는데, 테니스, 수영, 헬스, 요가 등 질리지 않도록 종목을 바꾸어가며 꾸준히 해왔다고 한다. 아나운서가 된 지금도 운동을 포기하지 않고 계속하고 있다고 한다.

"하고 싶은 일이 많을수록 건강관리는 필수예요"라는 야무진 한마디. 아직까지는 건강에 관심이 적을 나이인데도, 일찌감치 자신에게 필요한 것이 무엇인지 분명하게 알고 있는 그녀야말로 진정한 커리어우먼이 아닐까?

능력 있는 여성, 욕심 많은 여성들이여! 세상과 싸우는 일보다, 남성들과 경쟁하는 것보다 더 중요한 게 바로 자신의 건강을 돌보는 일임을 명심하기 바란다. 정말 성공한 여성은 자신의 얼굴에 건강한 미소를 만들어낼 줄 아는 사람이다.

건강한 삶을 위하여

노인병은 피할 수 있다

길 가는 사람이나 주변 사람을 "붙들고 늙는다는 것 하면 가장 먼저 떠오르는 것이 무엇이냐"고 물어보면 추해지는 것, 지치고 병드는 것, 자리에 누워서 거동을 못 하는 것, 허리·무릎이 아픈 것, 기억력이 떨어지는 것, 노망들어 대소변을 못 가리는 것 등을 꼽는다. 우리가 늙음에 대해 가지고 있는 이미지는 이렇게 비관적이며 염세적이다.

하지만 관련 연구들을 보면 노화는 누구에게나 오는 필연적인 현상이 아니다. 예를 들어서 늙으면 심장이 나빠져서 달리기도 못하고 숨이 차는 것이 당연하다 생각하는데, 30대의 심장 기능을 그대로 유지하는 80대 노인들이 얼마든지 있다.

또 40대 때의 기억력을 그대로 갖고 있는 70대 노인들도 많다. 물론 늙으면 뇌세포 수는 어느 정도 감소하지만 뇌세포 수가 감소한다고 해서 꼭 기억력이 떨어지는 것은 아니다. 독서나 일기 쓰기 같은 정신운동을 계속하는 경우 젊었을 때의 기억력을 계속 유지할 수 있다. 성 기능이 청년과 거의 유사한 노인도 없지 않다.

결국 우리가 지금까지 늙음과 관련시켜 온 비관적인 현상들은 나이에 따른 필연적인 상태라기보다 '나이가 들 때까지 살아온 생활방식의 최종 산물'이며, 그 생활방식에 따라서 비록 세포 수는 감소해도 그 기능은 젊었을 때와 유사하게 유지할 수 있다. 따라서 우리가 흔히 얘기하는 심장·폐·근육·위장·비뇨기 등에 오는 퇴행성 질환이나 치매는 피할 수 없는 어쩔 수 없는 것에서, 예상할 수 있고 피할 수 있는 현상으로 인식이 전환되어야 한다.

건강하게 오래 사는 사람이나 소위 장수촌에 대한 역학조사들을 종합해 볼 때, 무병장수하는 데는 대체적으로 4가지 중요한 요소가 있다. 그중 첫째는 유전적 요인이다. 즉 태어날 때부터 다른 사람들의 평균보다 오래 살 수 있는 능력을 가지고 태어나는 경우인데, 대체로 부모나 자신, 혹은 자식들에 이르기까지 집안의 평균수명이 다른 집안보다도 더 길다.

둘째는 환경적 요인이다. 소위 현대병이라고 불리는 갖가지 성인병들의 원인 중 환경적 원인이 중요하다는 것은 이미 알려진 사실이다. 장수하는 마을의 환경적 특징을 보면 대부분 물 좋고 공기 좋은 환경이 필수 요인임은 두말할 필요가 없다.

셋째는 질병 관리이다. 자동차로 예를 들면 아무리 관리를 잘하고 조심스럽게 운전을 해도 피할 수 없는 불의의 사고라는 게 있는 것처

럼, 사람도 마찬가지로 건강에는 전혀 문제가 없다가도 우연히 암이 발견되는 경우를 종종 본다. 이런 불의의 사고는 나이에 맞는 정기 건강진단을 통하여 미연에 방지할 수 있다.

넷째는 생활양식이다. 깨끗하고 좋은 음식 섭취, 적당한 신체 활동, 꾸준한 정신건강 관리가 이루어진 경우에는 각종 퇴행성 질환을 사전에 예방할 수 있다.

이 중 첫째 요인인 유전적 요소는 타고나는 운명이기 때문에 인간의 힘으로는 어쩔 수가 없으며, 둘째 환경요인은 누구나 좋은지 알고 있지만 많은 경비가 드는 게 단점이다. 하지만 셋째와 넷째 요소는 많은 돈을 들이지 않고도 얼마든지 지킬 수가 있다. 또한 다행스러운 것은 유전적·환경적 요인을 만족시키지 않았더라도 질병 관리와 생활양식이 바르면 70~80% 정도는 무병장수를 이룰 수가 있다는 점이다.

중풍에 대한 오해 1_손 저림

손저림증으로 병원 문을 두드리는 사람이 많이 있다. 혹시 중풍이 아니냐고. 병원을 찾지 않는 사람도 자신의 손저림증이 혹시 중풍 증세가 아닌가 하는 걱정을 한 적이 있을 것이다. 그만큼 손저림증은 흔히 접하는 증상이다. 하지만 모든 손저림증이 중풍의 기미라고 할 순 없다.

손저림증의 원인은 많지만 다음 몇 가지 계통의 이상으로 나누어 생각해 볼 수 있다. 신경계통(중풍 포함), 혈관계통, 근육골격계, 기타 혈액·내분비 대사 계통.

중풍은 흔히 손저림증을 유발하지만 저림증 외에도 동반되는 다른 증세가 있기 마련이다. 손에 힘이 떨어지는 마비 중세나 떨림증, 기타 감각 둔화 등이 나타날 수 있는데, 이러한 경우 몸의 좌우 어느 한 쪽만의 편마비가 오며 대개 팔과 다리에 함께 오는 경우가 많다. 뇌의 좌측에 병변이 생기면 마비는 우측에, 우측 병변이면 좌측에 저림증이 온다. 신경이 뇌척수의 연수(숨골) 아래에서 서로 교차되어 뇌에 분포하기 때문이다.

척수나 말초신경에 문제가 생겨도 손저림증이 생긴다. 이 경우는 연수 아래에 분포하는 신경에 문제가 생긴 것이기 때문에 병변이 있

는 곳과 같은 쪽에 저림증이 온다. 척추에 생기는 디스크(경부 추간판 탈출증), 외상, 긴장, 변형, 기타 척추 협착이나 염증, 종양 등이 있을 때 척수신경에서 나온 말초신경이 나쁜 경우가 여기에 해당한다. 말초신경 질환의 종류와 원인은 무수히 많으며 증세도 다양하다. 외상으로 신경에 충격이 가해지면 저리는데, 나중에 신경이 되살아나거나 풀리는 회복기에도 저림증이 생길 수 있다.

이외에도 저림증은 당뇨, 고혈압, 고지혈증, 기타 약물 등과도 관련이 있으며, 그 위치와 정도에 따라 다양한 경과와 증세를 갖는다.

고혈압의 합병증으로는 중풍, 동맥경화가 생겨 혈액순환 장애가 생기는 저림증이 가장 유명한데, 특히 비만이고 고지혈증과 동맥경화가 있으면 사지에 저림증이 생길 수 있다. 저림증은 폐경기 여성에게서도 흔히 발견된다.

그 밖에도 근섬유질환, 관절염, 피부질환 등 저림증을 야기하거나 관련되어 있는 질환은 무수히 많다. 또한 잘못된 약물 치료나 기타 민간요법을 잘못 이용한 후에도 생길 수 있으며, 산업 근로자들이 작업 환경에서 오는 각종 물질의 중독으로도 저림증이 올 수 있다.

여성의 경우 갑상선 질환, 빈혈 등이 원인이 될 수 있고, 과로나 긴장, 스트레스로도 저림증 등에 시달릴 수 있다.

  결론적으로 손저림증은 그 원인이 나이, 성별, 병력 등에 따라 다양하고 광범위하므로 정확한 진찰 및 적절한 검사를 통하여 그 원인을 찾아내 그에 알맞은 치료를 하는 것이 바람직하다.

중풍에 대한 오해 2_안면마비

중풍이면 어떻게 하느냐고 몹시 걱정하며 진찰실로 들어온 환자가 있었다. 환자를 보니 입이 한쪽으로 돌아간 상태였다. 어제까지 특별한 이상이 없었는데 하룻밤 자고 일어나 거울을 보니, 입이 한쪽으로 돌아가고, 눈도 이상하게 뻑뻑하며, 얼굴 한쪽이 내 얼굴이 아닌 것같이 감각이 없어졌다고 근심하는 것이었다.

우리는 주위에서 이런 경우를 자주 본다. 평소에 특별한 질병 없이 건강에는 별로 걱정이 없다가 이런 일을 당하면 당황스럽고 금방 죽을지도 모른다는 공포가 머리를 스치고 지나간다. 그중에서도 가장 큰 걱정은 중풍에서 비롯된 증상인가 하는 것이다. 의학적으로 이런 증상은 '급성 안면마비'라고 한다. 급성 안면마비는 환자나 가족 그리고 의사들에게도 어떤 위험을 알리는 전조증상으로 여겨진다. 그러므로 안면마비가 있을 때는 중풍 이외에도 다양한 원인이 있으므로 병원을 찾아 정확한 진단을 받아야 한다.

급성 안면마비의 원인은 크게 다음과 같이 분류할 수 있다.

첫째는 바이러스에 의한 감염으로 추정되는 다발성 신경염에 의한 마비, 둘째는 외상성 충격으로 인한 두개골 골절 혹은 안면부 손상에 의한 신경마비, 셋째는 중이염에 의한 신경 손상으로 오는 마비, 그 외 뇌종양, 뇌졸중, 신경 질환 등에 의한 마비다.

이 중 흔하게 일어나는 것은 바이러스 감염으로 추정되는 다발성 신경염에 의한 마비로, 겨울철이나 추운 곳에서 한쪽으로 얼굴을 두고 잤는데, 다음날 일어나보면 안면마비가 와 있는 경우가 이에 해당한다. 이런 경우에는 통증과 함께 이상감각, 눈물의 감소 등이 동반되므로 재빨리 병원에서 진찰을 받아야 한다.

검사 결과 특별한 질병이 발견되지 않았을 경우에는 스테로이드 제제 등으로 치료받고, 눈의 이상을 막기 위한 치료를 받으면 회복되기도 한다. 약 6개월에서 1년 정도 기다려보면 대개의 경우 원래대로 돌아온다. 간혹 수술적 치료도 고려해야 하는 경우도 있다.

그 외에 평소 고혈압이나 당뇨, 비만 등으로 인한 질병을 앓고 있다면 뇌출혈 등으로 인해 뇌신경 자체가 압박받는 경우가 있는데, 이때 안면마비는 시간이 지나갈수록 더 심해질 수도 있으므로 병원에서 컴퓨터 촬영, 뇌혈관 촬영 등을 실시하여 진단을 받아야 한다.

고혈압에 대한 오해 1_
불편함이 없으면 약은 안 먹어도 된다?

"뒷머리가 뻣뻣하고 아파서 혈압이 있는 것 같아 치료를 받으러 왔습니다."

몸이 뚱뚱한 50대 중반의 남자 환자가 찾아와 통증을 호소했다. 들어보니 과거에 혈압이 있어 가끔 혈압약을 복용했는데, 요사이는 머리가 아프지 않아 혈압이 내려간 것 같아 복용을 안 하고 있었다고 했다.

이 환자뿐 아니라 대개의 고혈압 환자들이 잘못된 생각을 가지고 있는 것 같다. 그중 하나는 혈압과 증세를 결부시켜 생각하는 것이다. 즉 머리가 아프면 혈압이 올라 있는 것이고, 머리가 아프지 않으면 혈압이 정상이라 생각하는 것이다. 때문에 혈압약도 몸 상태가 안 좋으면 한두 번 복용하다, 기분이 상쾌하고 몸 상태가 좋은 듯싶으면 복용하지 않는 경우가 흔하다.

하지만 혈압과 증세는 무관하다고 생각하는 편이 오히려 환자가 고혈압을 이해하고 치료하는 데 도움이 된다. 즉 뒷머리가 아프지 않아도 고혈압일 수 있다고 생각하는 편이 좋다.

스트레스가 쌓여서 자율신경이 불안정해지면 혈압이 오르고 두통을 수반할 수는 있지만 두통을 곧 고혈압이라 생각하면 혈압을 조절하는 데 큰 문제가 생긴다.

　혈압약을 복용하도록 권유하면 혈압약은 한번 복용하기 시작하면 평생 복용해야 한다는데 복용하지 않고 치료할 수는 없겠느냐고 묻는 환자가 많다. 혈압약은 저수지 물의 수위를 조절하는 수문처럼 혈압을 조절하는 약이므로 계속적으로 복용해야만 혈압이란 수위를 조절할 수 있다.

　혈압이 있는 중년의 환자들은 고혈압 치료의 목적이 무엇인지 정확히 알 필요가 있다. 고혈압 약물을 복용하는 목적은 고혈압을 내린다든지 증세를 없앤다든지 하는 단순한 데에 있는 것이 아니라 고혈압이 일으킬 수 있는 무서운 합병증 등을 미연에 방지해 보자는 데 있다.

　고혈압으로 올 수 있는 합병증에는 여러 가지가 있지만 뇌출혈 등 갑작스럽게 나타나는 질환들을 우선 생각해야 한다. 이렇게 뇌출혈이 일어나면 출혈 부위에 따라 몸의 어떤 부분이 마비되거나 심하면 사망하기도 한다. 평소에 우습게 생각하던 혈압 조절이 이렇게 무서운 결과를 초래하는 것이다.

　뇌출혈과 같이 급작스럽게 그 결과가 나타나는 경우도 있지만, 장기간 신장에 무리를 주어 신부전을 일으키는 경우도 있다. 신부전이 되면 고혈압이 더욱 심해지고 이 상태를 그대로 방치하면 신장은 더욱 망가진다. 신장과 혈압은 서로 맞물려 있기 때문이다. 또한 심부전도 올 수 있다. 우리 몸의 곳곳에 피를 보내는 펌프 역할을 하는 심장이 높은 혈압을 이겨내지 못하여 커지면서 제대로 역할을 못 해 호흡곤란을 일으키는 것이 심부전이다. 젊어서는 높은 혈압을 튼튼한 심장이 이겨내지만 나이 들어서는 심장이 계속된 고혈압을 지탱하지 못한다.

이렇게 뇌, 심장, 신장뿐만 아니라 우리 몸의 가장 중요한 장기인 눈에 미치는 고혈압의 작용도 가볍게 넘길 수 없다. 망막은 눈에 들어온 정보를 받아들여 뇌로 보내는 역할을 하는데, 고혈압이 심하면 이 망막의 주요 혈관들에 변화가 생기고 심한 경우 혈관이 터져 출혈이 생길 수 있다. 이는 뇌출혈이 뇌로 가는 혈관 중 혈압을 이겨내지 못하여 터지는 것과 마찬가지인데, 최악의 경우 시력을 잃을 수도 있다.

고혈압의 약물치료는 혈압으로 인해 주요 장기들이 손상을 입는 것을 예방하는 데 그 목적이 있다. 그러므로 복용을 증세에 따라 자의로 중단하거나 비주기적으로 하는 것은 전혀 도움이 되지 않는다.

고혈압은 조절할 수 있고 조절해야만 한다. 혈압을 조절하는 경우와 조절하지 않는 경우 그 결과는 확연히 다르다. 앞에서 보았듯이 한순간의 혈압 상승이 본인에게 돌이킬 수 없는 결과를 초래하므로 혈압 조절은 의사의 다른 지시가 없는 한 꾸준하게 계속해야 한다.

고혈압에 관한 오해 2_
두통, 귀울림, 코피면 고혈압?

　심장으로부터 혈액이 뿜어져나올 때 동맥벽을 밀게 되는데, 혈압이란 이때 동맥벽에 가하는 힘을 말한다. 모든 사람의 혈압은 하루에도 여러 번 오르내리며, 무엇을 하고 있고 어떻게 느끼고 있느냐에 따라서도 많은 변화를 일으킨다. 정상 혈압은 안정시 측정한 수축기 및 이완기 혈압이 각각 130/85mmHg 미만일 때를 말한다. 또한 각각 130~139/85~89mmHg 사이일 때를 정상 상한치라 하며, 140/90mmHg 이상이면 고혈압으로 진단한다.

　고혈압은 성인병 중에서 가장 많이 걸리는 병으로 성인의 약 15% 이상에서 나타난다. 혈압을 조절하지 않고 방치하는 경우 점점 높아져 갈수록 악화되고 또한 40세 이후 사망 원인 중 1, 2위인 뇌졸중과 기타 심장 질환, 신부전, 망막 질환, 동맥경화증 등 고혈압성 합병증의 직접적인 원인이 될 수 있다.

　고혈압은 크게 1차성, 2차성 고혈압으로 분류하는데, 1차성 고혈압은 특별한 원인질환 없이 혈압이 높은 경우를 말하고, 2차성 고혈압은 혈압을 높이는 원인질환이 있는 경우를 말한다. 후자의 경우 그 원인질환으로는 신장 질환, 내분비계 이상, 혈관 기형 등을 들 수 있는데, 이러한 2차성 고혈압은 전체 고혈압의 약 3~5% 정도밖에 안되며 대체로 1차성 고혈압에 비해 더 젊은 나이에 발병한다. 이 경우 원인이 되는 질환을 치료하면 고혈압도 완치될 수 있다.

이와는 달리 1차성 고혈압(본태성 고혈압이라고도 한다)으로 진단받았을 때, 치료시 환자가 가장 유념해야 할 것은 '1차성 고혈압은 단기간 치료로 완치한다는 개념보다는 평소 꾸준히 혈압을 조절한다는 생각을 가져야 한다'는 것이다.

그렇다면 혈압이 높음으로 해서 생길 수 있는 증상에는 어떠한 것들이 있을까?

고혈압 증상을 이야기할 때 흔히 두통, 귀울림 혹은 코피를 드는데, 사실 고혈압 증상과는 아무런 관련이 없다. 고혈압은 거의 증상이 없다고 하는 것이 더 정확할 것이다. 고혈압은 대체로 어떤 위험신호나 증상이 잘 나타나지 않는 질환이다. 일부 고혈압 환자에게서는 코피가 나거나 어지럽고, 뒷머리가 무겁거나 개운치 않으며, 귀에서 소리가 나는 이명, 손발 저림, 신경이 예민해지는 등의 증상이 나타나기도 한다.

하지만 합병증이 생기지 않는 환자의 약 50%는 증상이 전혀 없고, 우연히 혈압을 측정하다 고혈압이 발견되는 일이 다반사다. 증상이

있더라도 증상의 경중은 고혈압의 정도와는 상관이 없다. 경증 고혈압이라도 심한 증상이 있을 수 있고, 중증 고혈압이라도 아무 증상이 없을 수도 있다. 따라서 평소에 아무런 증상을 느끼지 못하다가 혈압이 생긴 지 오랜 시간이 지난 후 이미 장기에 손상을 입고 나서야 증상을 느끼는 경우가 허다하다.

　비록 고혈압의 증상이 나타나지 않는 경우라도 합병증은 진행된다. 고혈압의 정도가 심한 환자는 비교적 짧은 기간에 망막 출혈에 의한 시력 감퇴, 심부전증, 신부전증, 뇌출혈 등의 합병증을 일으키며, 고혈압의 정도가 가볍거나 불완전하게나마 치료를 한 사람은 오랜 세월이 지난 다음에 뇌경색, 협심증, 심근경색증, 간헐성 파행증 등 동맥경화성 합병증을 일으킨다. 하지만 적절한 치료를 받지 않은 사람은 고혈압이 발병한 지 평균 20년이 경과된 50세를 전후하여 합병증으로 사망하게 될 위험성이 높다. 따라서 심각하고 치명적인 합병증 발현의 위험을 줄이려면 고혈압인 사람은 설령 아무런 불편을 느끼지 못한다 하더라도 약을 포함한 여러 방법으로 혈압을 조절해야 한다.

고혈압에 관한 오해 3_
노인들의 고혈압은 치료받을 필요 없다?

"살면 얼마나 더 산다고…."

적극적인 치료를 권하면 나이 지긋한 고혈압 환자들은 대개 이렇게 대답한다.

노인성 고혈압은 노화의 일환이기 때문에 약을 복용해도 도움이 되지 않는다고 생각하는 사람들이 의외로 많다. 늙는다는 것은 자연의 법칙이라 막을 수 없지만 병은 환자 본인의 노력으로 얼마든지 막을 수 있다.

고혈압성 합병증에 의한 사망(예를 들어 중풍)의 위험을 줄이기 위해서라도 노인들은 다른 연령층의 환자들보다 더 적극적인 치료를 받아야 한다. 그래야만 병 없는 편안한 노후를 보낼 수 있지 않겠는가.

고혈압은 노인병 중에서도 가장 많은 병으로서 65세 이상 노인들의 약 반수 이상이 고혈압이라고 한다.

많은 연구 보고서들은 혈압은 연령이 증가함에 따라서 상승한다는 데 일치된 견해를 보이고 있다. 출생 제1일의 신생아 혈압은 55/38mmHg, 6개월~1세는 89/60mmHg, 6~7세에서 100/56mmHg 된다. 남녀 모두 수축기와 이완기 혈압이 연령에 따라서 서서히 증

가하고 노인의 경우 여자 혈압이 남자보다 더 높으며, 수축기 혈압이 남자보다 더 높다는 것을 알 수 있다. 수축기 혈압은 70~80세까지도 상승하는 경향이 있는 반면, 이완기 혈압은 60세를 정점으로 그 후에는 점점 저하되는 경향이다.

연소자의 고혈압은 이완기 혈압 상승이 수축기 혈압 상승보다 우위나 55세 이상 노년기에는 수축기 혈압 상승이 우위로 되는 것이 특징이다. 따라서 노인에서는 이완기 혈압은 정상이나 수축기 혈압만이 높아지는 특징적인 고혈압이 흔하다.

노인도 혈압이 높은 경우 당연히 다른 연령층의 고혈압 환자와 마찬가지로 적극적인 생활습관 개선과 필요시 투약으로써 치료를 해야 한다. 이완기 혈압은 정상인데 수축기 혈압만 계속 160mmHg 이상으로 상승할 때에도 치료를 시작해야 한다.

당뇨병에 관한 오해 1_
설탕을 많이 먹으면 당뇨병에 걸린다?

"설탕을 많이 먹으면 안 되지요?"

당뇨병에 관심이 많은 40대의 뚱뚱한 남자가 진찰실로 찾아왔다. 당뇨병에 걸리지 않으려는 조바심에서 묻는 말이었다.

하지만 설탕 자체는 당뇨병을 직접적으로 유발하지는 않는다. 당뇨병은 체내 인슐린의 양 부족이나 기능 장애 때문에 생기는 병이다.

설탕은 칼로리만 있고 다른 영양은 거의 없는 단순탄수화물(당)이다. 따라서 설탕 자체는 당뇨병을 직접적으로 유발하지는 않는다. 단지 당뇨병 환자들은 설탕과 같은 당분이 많은 음식을 좋아하기 때문에 설탕을 먹으면 당뇨병이 생긴다는 오해가 있을 수 있으나 정상적인 사람은 설탕을 아무리 많이 먹더라도 당을 조절할 수 있는 능력이 있어 비정상적으로 혈당이 올라가지 않고 당뇨병이 되지도 않는다.

당뇨병은 대표적인 성인병이다. 우리나라에서도 생활수준의 향상과 식습관의 변화로 당뇨병 환자가 증가하는 추세에 있으며 현재 전체 인구의 약 3%, 최소한 1백만 명 이상의 환자가 있다고 추정된다.

당뇨병은 말 그대로 소변(요)에 포도당(당)이 나온다고 해서 붙여진 병명이다. 당뇨병이란 췌장에서 분비되는 호르몬인 인슐린이 부족하

거나 혹은 분비가 잘되더라도 세포에서 기능을 제대로 발휘하지 못해 몸 안의 탄수화물(당)의 이용에 장애가 생겨 발생하는 병이다.

혈당은 우리가 섭취한 음식물에서 공급되는 포도당이며 인체 내에서 일종의 연료 역할을 함으로써 에너지원이 된다. 정상인의 경우 식사 후 섭취한 음식물에 의해 혈당이 높아지면 그 정도에 따라 췌장에서 인슐린이 분비되는데, 인슐린은 혈액 내의 당분을 세포 속으로 운반해 줌으로써 에너지로 활용되게 만들어 혈당을 정상으로 유지한다.

하지만 당뇨병 환자의 경우는 몸 안에서 탄수화물(당)의 대사가 원활하지 않아 필요한 에너지가 부족하게 되는 반면, 사용되지 못한 당은 혈액 중에 필요 이상으로 많이 쌓여 고혈당의 상태가 되고, 결국에는 신장에서 걸러지는 과정에서 정상적으로 재흡수가 되지 못한 포도당이 소변으로 배설된다.

당뇨병의 원인은 크게 유전적인 요인과 환경적인 요인으로 나누어볼 수 있다. 유전적인 요인을 살펴보면 부모가 모두 당뇨병인 경우에 자녀들이 당뇨병에 걸릴 확률은 75%, 양친 중 한 쪽만 당뇨병이면 50%, 부모가 당뇨병은 아니지만 친척 중에 당뇨병 환자가 있으면 25%가 된다고 한다. 환경적 요인으로는 비만증, 나이가 많아질수록, 여러 가지 바이러스성 감염, 술을 포함한 무절제한 약물 남용, 잦은 임신, 스트레스 등을 들 수 있다.

당뇨병에 대한 오해 2_
증상이 없으면 치료할 필요 없다?

"과거에는 치료를 했지만 증상이 사라져서 안 하고 있는데요."

과거 병력을 물어보면 당뇨가 있었던 환자들 대부분이 이런 대답을 내놓곤 한다. 증상이 없다고 제대로 조절을 안 하고 지내는 사람이 많은데 참으로 안타깝다. 당뇨와 같은 만성질환 관리에서 문제점은 증세가 없을 때는 치료를 하지 않고 지내다가 후에 눈이나 신장 등에 생기는 합병증으로 크게 고생을 한다는 것이다.

당뇨와 같은 만성 질환의 경우 치료 지침을 따르지 않고 자신의 증세에 의존하는 환자가 대부분이다. 즉 증세가 좋아지면 자의로 약 복용을 중단하는 것이다.

당뇨의 진단과 치료 반응은 혈당 검사에 의해 결정된다. 즉 증세가 없다 하여도 혈당이 높으면 신장이나 눈에 계속 안 좋은 영향을 미쳐 합병증 발병의 주요 요인이 된다.

그러므로 증세 유무에 따른 자의적인 치료가 아니라 주기적인 혈당 측정과 그에 따른 정확한 혈당 조절이 꼭 필요하다는 것을 다시 한 번 강조하고 싶다.

제주도를 삼다의 섬이라 하듯이 당뇨병도 삼다의 질환이다. 다음, 다뇨, 다식이 당뇨의 3대 증세이다. 이 3대 증세는 서로 밀접한 관련이 있다. '다음'이란 물을 많이 마신다는 의미이다. 몸속에 당의 농도가 높아지면 갈증을 느끼게 된다. 물을 많이 마시니 자연히 소변량도 많아질 뿐만 아니라, 소변 내 당의 농도가 높아지므로 물리적 이유로도 소변량이 증가하게 되어 '다뇨' 현상이 일어난다.

혈당의 농도가 높다는 것은 우리 몸의 주요한 에너지원으로 사용해야 할 당분이 제대로 사용되거나 저장되지 않고 소변으로 배설된다는 것이다. 세포 차원에서 보면 혈당은 높으나 실제로 대사되지 않아 항시 배고픔을 느끼게 되어 음식을 더 많이 먹는 '다식'을 하게 된다. 이렇게 많이 먹어도 당분이 제대로 에너지원으로 사용되지 않고 배설되면 그에 따라 몸 안의 지방 및 단백질이 에너지원으로 소모되므로, 당뇨가 조절이 제대로 안 될 때 체중이 빠지고 쉽게 피로감을 느끼게 된다.

당뇨병에서 문제되는 것은 당뇨로 인한 합병증이다. 그 첫째는 당뇨로 인한 눈의 망막 혈관장애나 백내장에 의한 시력장애다. 두 번째는 당뇨병성 신증, 즉 신장의 이상으로 인하여 동반되는 증세가 올 수 있으며, 세 번째는 신경염이 빈번하게 생겨 지각 이상과 신경통을 호소하기도 한다. 그 외에 당뇨 환자는 저항력이 떨어져 세균

감염이 많아져 종기나 폐렴, 질염 등이 잘 생기며 몸의 가려움증을 잘 호소한다.

 당 검사의 한 가지로 작은 검사용 스틱에 소변을 묻혀 하는 요당 검사는 매우 간편하기는 하나 정확도가 떨어지는 편이다. 각 개인의 신장 기능에 따라 소변으로 당을 배출하는 정도가 달라질 수 있으므로 요당 검사로만 당뇨를 진단하거나 치료 지침으로 삼는 데는 문제가 있다. 때문에 요당 측정시 혈당도 함께 측정하여 두 검사 결과를 비교하여 참조한다.

당뇨병에 관한 오해 3_당뇨병엔 보리밥이 최고?

당뇨병 식이요법을 하고 있냐고 물어보면 "예, 보리밥을 꼭 먹고 있어요"라고 대답하는 환자들이 많았다. 쌀밥 대신 보리밥 먹는 것이 당뇨병 식이요법을 지키고 있는 것이라고 생각하는 사람이 의외로 많다.

물론 보리밥이 쌀밥보다 섬유질이 많다는 점에서 장점이 있다. 문제는 어떤 식이요법을 택하든 자신의 키에 맞는 표준체중과 그 체중에 알맞은 적절한 양의 식사를 해야 한다는 점이다.

덮어놓고 적게 먹는 것이 당뇨병의 식이요법이 아니며, 보리밥을 먹는다고 식이요법이 모두 해결되는 것은 더군다나 아니다. 비만하거나 저체중인 경우 표준체중을 목적으로 칼로리 섭취를 조절할 때 비로소 당 대사에 부담을 주지 않으며 당 조절을 할 수 있다.

또한 당뇨 환자에게 권장하는 식사 방식은 일반 사람의 건강관리에도 도움이 되는 것이므로 가족들이 함께 식습관을 바꾸는 것도 좋다.

과일에 대해서도 환자들로부터 질문을 많이 받는데, 과일은 일반적으로 섬유소가 들어 있어 좋으나 포도와 같이 단 과일들은 그만큼 당분이 많이 들어 있으므로 전체적인 섭취 칼로리 계산시 꼭 고려해야 한다.

당뇨병 환자의 식단을 준비할 경우 어떤 식품을 얼마만큼의 양으로 할 것인지 정하기가 처음에는 쉽지 않다. 그러므로 가능하면 계량컵이나 저울 등을 준비하여 정확한 양을 측정하고 그 양을 기억하여 다음 음식을 준비하거나 식사시 스스로 양을 짐작하여 조절하는 습관을 들이는 것이 좋다.

당뇨병은 환자 혼자만의 노력으로 완치될 수 없다. 동고동락을 하는 가족의 정확한 이해와 협조가 꼭 필요하다.

표준체중에 알맞은 칼로리 양

보통 표준체중을 계산하는 방식은 자신의 키(cm)에서 100을 뺀 후 0.9를 곱하여 산출한다.

표준체중(킬로그램) = [키(cm) − 100] × 0.9

예를 들면 키가 160cm인 사람은 (160-100)×0.9=54kg이 표준체중이므로 표준체중 범위는 표준체중의 ±10%범위이므로 48~60kg 정도이다.

적정 칼로리량은 활동하는 정도에 따라서 조금 다르며, 가정에서 생활하는 경우 표준체중에 30칼로리를 곱하여 계산하면 된다. 앞의 경우 적정 칼로리량은 54×30=1620Kcal다.

그러나 비만한 경우 500칼로리 정도를 더 빼고, 저체중인 경우 계산된 양에서 500칼로리 정도를 더하여 체중 조절을 한다.

당뇨병에 관한 오해 4_
인슐린 주사는 중독된다?

"인슐린 투여량을 올려야 되겠습니다."
"몸에 독한 것을 왜 자꾸 늘리지요?"

이렇게 되묻는 환자들을 의외로 많이 접한다. 환자가 걱정하는 것처럼 당뇨병에 사용되는 인슐린은 중독을 일으키지 않는다.

인슐린이란 혈당을 조절하는 호르몬이며, 체내에 인슐린이 만들어지지 않는 인슐린 의존성 당뇨병 환자들에겐 꼭 필요하다. 다만 한 부위에 계속 맞는 경우 주사 맞은 부위가 지방이 녹아 함몰될 수 있으므로 복부, 대퇴부, 팔, 둔부처럼 지방이 많은 부위에 번갈아 가며 맞아야 한다. 인슐린 주사를 지속적으로 맞으면 인슐린의 분비와 조직의 저항성이 개선되어 당뇨가 조절된다.

당뇨병에는 크게 원발성 당뇨병과 이차적 당뇨병이 있다. 원발성 당뇨병은 원인을 모르는 것으로 인슐린 의존형 당뇨병과 인슐린 비의존형 당뇨병 그리고 영양실조형 당뇨병으로 분류된다. 이차적 당뇨병은 당뇨를 일으킬 만한 원인이 있는 것으로 여기에는 췌장 질환, 호르몬 투여, 약물에 의한 것 등이 있다.

인슐린 의존형 당뇨병은 대개 어릴 때부터 생긴다. 이 경우 환자의 몸에서 인슐린이 거의 만들어지지 않기 때문에 반드시 인슐린 주사를 맞아야 하며, 경구혈당 강하제로는 별 효과를 볼 수 없다. 반면에 인슐린 비의존형 당뇨병은 40대 이후에서 많이 발생하는 것으로 인슐린이 몸에서 생성되기 때문에 경구혈당 강하제로도 대개 조절이 잘된다. 그러나 인슐린 비의존형 당뇨병인 경우에도 경구혈당 강하제로 조절이 잘되지 않을 때는 인슐린 주사를 맞아야 한다.

인슐린은 그 작용 시간에 따라 속효형, 중간형, 지속형으로 나뉜다. 속효형은 2~4시간, 중간형은 6~12시간 그리고 지속형은 14~24시간 동안 작용한다.

암은 사형선고?

"그럼 이제 어떻게 하나요?"

"칼 대면 죽는다는데….."

암 환자들이 가장 많이 하는 질문이다. 전자는 병명을 환자에게 알려 주었을 때 암은 곧 불치병이라는 생각에 자신의 삶을 포기하는 체념이며, 후자는 환자에게 수술을 권했을 때 선뜻 응하지 않고 으레 환자나 보호자가 의사에게 반문하는 말이다. 의사로서 분명히 말해두고 싶다. 두 가지 다 잘못된 생각이라고.

일선에서 의료에 종사하고 있는 우리로서도 가장 안타까울 때가 암 환자의 보호자가 치료를 포기하고 환자를 데리고 갈 때이다. 치료의 가능성이 있다고 아무리 설명을 해도 막무가내일 경우가 의외로 많았던 것은, 아마도 암에 대한 잘못된 상식을 너무도 쉽게 받아들였기 때문이 아닌가 생각된다. 100% 치료를 확신할 수 없는 우리로서도 안타까운 마음을 뒤로 하고 보내드릴 수밖에 없었다. 치료비를 걱정하는 사람들에게는 더더욱 할말이 없었고, 급기야는 환자에게 "상태가 호전되어 퇴원해도 된다"는 거짓말을 해달라는 부탁을 거절 못 하는 지경까지 이른 적도 있다. 참으로 서글픈 일이다.

암은 발생하는 장소가 다양하고, 같은 장소에 발생한 암일지라도 구성세포의 성질에 따라 예후가 판이한 경우가 많다. 물론 흔히 알고 있는 암의 진행 정도도 예후에 영향을 주는 중요한 요인이다. 치료가 까다롭다고 생각되는 위암도 '조기 위암'의 범주에 속한 상태에서 발견되면 5년 생존율이 95%가 넘는다. 완치된다고 해도 과언이 아니다.

그러나 조기에 암을 발견하여 완치가 되는 환자보다는 뒤늦게 발견되어 이런저런 고생을 겪으며 재산까지 거덜낸 후 죽음을 맞는 환자들이 더 많다. 고생을 많이 한 환자일수록 더 오랫동안 사람들의 입에 오르내린다. 그런 일을 겪은 후에는 '암은 불치다'라는 확신을 가지게 되는 것 같다. 안타까울 뿐이다.

암에 대한 잘못된 상식이 한 가지 더 있다. '암은 칼 대면 죽더라'라는 말은 더더욱 많이 듣는 말이고, 우리 의료인을 더욱 힘들게 하는 말이다. 대부분 암의 치료 방법 중 근치적 방법에 있어 첫번째로 시행하는 것은 수술적 치료이다. 물론 암의 진행 상태에 따라 결정되어야겠지만, 가장 확실한 치료법이다. 수술이 불가할 정도로 진행된 경우는 의사들도 수술을 권하지 않는다.

완치의 목적이 아니라 대증치료의 목적으로 수술을 시행하는 경

우도 드물지는 않다. 예를 들면 위암 덩어리가 음식물의 통과를 방해해 음식 섭취가 불가한 경우 우회통로 확보를 위해 수술을 하는 경우도 있다. 이런 경우 진행된 위암이기에 오래지 않아 환자가 사망하게 된다. 물론 모르는 사람들은 "수술해서 더 빨리 죽었다"라는 말을 할 수도 있을 것이다. 어쨌든 이런저런 이유로 수술을 권하여도 사양하는 경우가 의외로 많다. 답답한 마음에 수술밖에 치료 방법이 없다고 협박조로 이야기해서 겨우 승낙을 받아내는 경우도 있긴 하다. 요즘은 이런 협박조차 못한다. 대뜸 "환자 잘못되면 당신이 책임질 거야"하고 물어 오기 때문이다. 시대가 변했다. 그리고 우리 의사들도 혹시 잘못될까 봐 두려워서 소신껏 진료도 못하는 형편이다. 의사의 양심을 생각하기보다는 책임질 일을 만들지 않겠다는 생각이 앞서기 때문이다.

  암은 절대로 불치의 병이 아니다. 더구나 칼을 대면 일찍 죽는 그런 병도 아니다. 의료 기술이 급속도로 발달하여 암의 위치, 암세포의 성상, 암의 진행 정도(기수)도 치료 전에 충분히 파악할 수 있게 되었고, 이에 따라 치료 방법도 가장 좋다고 보고된 방법을 선택하여 치료한다. 암은 절대로 사형선고가 아니다.

암이 되는 복점 판별법

점 없는 사람은 없을 것이다. 원래부터 점이 많은 사람이 있는가 하면, 나이 들면서 없던 점이 생기는 수도 있고, 엄밀히 말해 점이 아닌데 점처럼 검게 보이는 다른 병변도 있을 수 있다. 점이라고 해서 다 같은 점이 아니다. 발생 세포의 연령, 위치, 모양, 색, 크기에 따라 다양한 진단명을 가지며, 암세포로 자라거나 혹은 피부뿐만 아니라 몸속 어딘가에 나쁜 병이 숨어 있음을 암시하는 이차적 질병 발현일 수 있다.

그러므로 과거처럼 복점이라고 해서 안심하고 그냥 놔두어서는 안 된다. 경우에 따라서는 조직 검사를 하여 정확한 병리학적 진단을 받아 암인지 아닌지를 판단하는 것이 중요하다.

몇 가지 흔한 점을 보자. 우선 피부의 표피에서 유래한 표피모반이 있다. 갓난아기, 소아기에 주로 나타나나 성인에게도 생기는 점으로 상하지 굴측부에 잘 생긴다. 모양에 따라 선상, 사마귀 모양, 편측성, 전신성 등으로 분류되며 선천성 이상이 몸 안에 있을 수도 있다. 점은 국소 도포, 소작(燒灼), 박피술, 심부 절제 등으로 없앨 수 있다.

다음으로 지루각화증이 있다. 중년 이후 얼굴이나 팔 등에 생기는 검버섯이 바로 이것이다. 물론 이때 노인성 각화증, 편평, 기저 세포

암, 흑색종, 흑자 등과 감별해야 한다. 간단한 화학적 소파술, 전기 소작 등으로 상처 없이 없앨 수 있다. 한 가지 짚고 넘어가야 할 것은 성인에게서 갑자기 소양성의 지루각화증의 수가 증가하고 빨리 커지면 내부 장기에 종양이 있다는 것을 의미한다.

진짜 점은 원래 멜라닌을 생성·함유하는 멜라닌 세포로 된 모반이나 흑자, 흑색종 등인데, 모반만 해도 그 종류는 수십 가지다. 흑색종은 대개 암으로 간주되며 유난히 까맣고 큰 것이 특징이다.

그렇다면 당신의 몸에 있는 점이 과연 암은 아닌가? 물론 전문의의 진찰과 조직 검사가 있어야 정확히 알 수 있겠지만 여기서 간단히 암이라고 의심되는 몇 가지 특징을 살펴보자. 최근 들어 점점 커지는 것 같거나 주변에 새로운 새끼 점이 생기는 경우, 있던 점이 아프거나 가려우며 염증이 이유 없이 생길 때, 점의 색깔이 진해질 때, 없던 점이 갑자기 생길 때 병원에 가서 진찰을 받아보는 것이 좋다. 어쨌든 점이란 악성인 경우 빨리 발견하여 효과적 치료를 받으면 대부분 생명에 지장은 없다. 그러나 악성 흑색종의 경우엔 이미 심하게 몸에 퍼진 후 발견되면 생명을 위협하는 무서운 점이 된다는 것을 유의해야 한다.

방치하면 안 되는 노인성 요실금

인기리에 방영되었던 한 TV 드라마에서 자기도 모르게 이불에 실례를 해서 식구들 몰래 새벽에 이불을 빨다가 며느리에게 들켜 어쩔 줄 몰라 하는 할머니의 모습을 본 적이 있다. 문제는 아들이나 며느리들이 "노화니 어쩔 수 없다"고 방치해 두는 경우다. 요실금의 경우 원인에 따라 치료 효과를 보는 경우가 많이 있는데도 말이다.

이처럼 노인이 소변을 가릴 줄 모르는 요실금에 빠지면 노인 자신은 부끄럽고 당황스러워 식구들의 얼굴도 피하게 되고 나중에 사회적 고립 상태가 되어 우울증이 생기면 문제는 더욱 심각해진다. 그러므로 노인을 모시고 있는 가족들은 방치만 하지 말고 그 원인을 정확히 파악하여 고쳐주도록 힘써야 한다.

나이 들면서 딱히 질병은 없더라도 신체 여러 기관의 기능이 떨어지는데, 이 기능저하로 요실금이 올 수도 있다. 예를 들어 신장의 농축 기능이 떨어져 소변양이 많아질 수도 있고, 방광 용적이 점차 적어질 수도 있으며, 시력 저하로 화장실을 찾지 못해 오줌을 지리는 것도 모두 기능저하로 인한 요실금이라고 할 수 있다. 물론 질병으로 인해 이차적으로 요실금이 올 수도 있지만, 노인성 요실금은 요로계 자체에는 이상이 없어 원인만 제거해 주면 해결되는 일시적 요

실금과 요로계의 변화로 인해 확립된 요실금으로 나눌 수 있다. 따라서 요실금은 그 원인을 정확히 파악해 치료 대책을 세워야 한다.

일시적 요실금의 원인으로는 급성 혼돈 상태를 이르는 섬망(譫妄), 요로 감염증, 위축성 요도염, 약물, 우울과 같은 정신적 문제, 물을 너무 많이 섭취한다든가 당뇨가 심하여 생기는 다뇨, 신부전, 간경화 등으로 인한 부종, 거동의 불편, 변비 등을 들 수 있다. 약물로 인한 일시적 요실금이 의심될 경우 약물을 끊으면 요실금은 없어진다.

확립된 요실금에는 긴박성 요실금과 긴장성 요실금이 있다. 가장 흔한 형태는 긴박성 요실금인데, 갑자기 강한 요의를 느끼며 오줌을 지리는 경우다. 환자는 배뇨의 횟수가 많아져 잠자는 중에도 지리게 된다. 긴박성 요실금의 원인으로는 치매, 중풍, 파킨슨병 등을 들 수 있다. 긴박성 요실금에는 방광의 수축을 억제하는 여러 약물이 쓰인다.

두 번째로 많이 오는 것이 긴장성 요실금인데, 요실금 때문에 웃지도 못하겠다고 하는 경우가 이에 해당한다. 출산, 비만, 고령, 폐경 등의 이유로 골반 근육이 약해진 것이 그 원인이다. 치료법에는 운동요법과 약물요법이 있다. 할아버지들한테 두 번째로 많은 확립

된 요실금의 형태는 폐색성 요실금이다. 대표적인 원인이 전립선 비대증으로서 비대해진 전립선이 소변 배출을 막아 터질 듯 방광에 가득 찬 소변이 자기도 모르게 똑똑 흘러나오는 것이다. 치료법에는 약물요법과 수술요법이 있다.

지금까지 말한 것처럼 요실금에는 그 원인별로 치료법이 있으므로 기저귀, 변기, 요강, 콘돔, 소변줄 등은 원인을 찾을 때까지 혹은 치료법이 효과를 볼 때까지 이용할 수 있는 보조적인 수단임을 잊지 말자.

인생의 1/3 폐경기에 대처하는 자세

50대 초반의 여성이 다소 우울한 얼굴로 진찰실에 들어섰다. 그녀는 주위에서 자기 나이 또래 친구들이 폐경기가 되어 호르몬을 투여하는 경우가 간혹 있는데, 그것이 과연 안전하고 효과가 있는 것인지 알고 싶다고 했다.

자신도 역시 폐경이 된 지 1년이 되었고, 자주 얼굴이 붉게 달아오르면서 만사 의욕이 없다고 했다. 친구들한테 호르몬 치료 후 매우 좋아졌다는 이야기를 들었으나, 자신은 어쩐지 자연스레 늙어가는 과정을 인위적으로 치료하는 것 같기도 하고, 호르몬이 안 좋다는 이야기도 들어서 망설여진다는 것이었다.

이렇게 폐경기 여성에 대한 호르몬 보충요법에 대해서는 세간에 논란이 있다. 이는 과거에 여성이 폐경기 이후의 삶에 대해 관심을 별로 두지 않았으나 이제 평균수명의 증가로 폐경기 이후의 삶이 큰 부분을 차지하게 되었기 때문에 생긴 현상이다. 대부분의 여성들은 이제 인생의 1/3을 폐경 상태에서 살아가게 된 것이다.

우선 폐경 후 어떤 변화가 오는지 알아보자.

첫째는 위의 환자처럼 얼굴이 붉게 달아오르고 식은땀을 흘리며 심장이 두근두근거리는 것을 자주 경험하게 된다. 이러한 증세는 폐경기 여성의 50~75%에서 발생하고, 85% 이상에서 1년 이상 증세가 지속된다. 5년 이상 지속되는 경우도 25~50%라 한다.

둘째로 폐경 후 감정적 변화가 온다. 아무 의욕이 없고 무력감에 빠지는 우울증세, 무엇인가 불안해하는 증세, 잠을 잘 못 자는 등 여러 가지 증세가 40대 후반에서 50대 초의 여성에게서 나타난다. 그때쯤이면 보통 자녀들도 성숙하여 집을 떠났거나 수험생 뒷바라지를 하거나 마친 상태여서 비로소 자신을 돌아볼 시기이다. 감정적 변화는 이러한 주변적 여건 외에도 폐경 후 호르몬 변화로 인한 요인이 주요하게 작용한 결과다. 그래서 폐경기 여성이 호르몬 치료를 받으면 우울증 등도 함께 호전되는 것을 볼 수 있다.

셋째로 심장 혈관계 질환의 위험성 증가이다. 통상 관상동맥 질환, 심근경색증 등 심혈관계 질환의 발생은 여성이 남성보다 적은데, 이것은 에스트로겐이란 여성 호르몬의 역할 때문인 것으로 알려져 있다. 그러므로 에스트로겐의 분비가 감소하는 폐경기에는 여성에게 심혈관계 질환의 발생률이 증가한다.

넷째로 골다공증 문제이다. 주위에서 가볍게 엉덩방아를 찧었는데 척추가 골절되어 고생하는 할머니를 자주 본다. 뼈는 변화가 없

는 무기물질이 아니라 끊임없이 생성되고 변형되는 살아 있는 조직이다. 이렇게 뼈가 자신의 구조를 유지하는 데 에스트로겐이라는 호르몬이 중요한 역할을 하므로 폐경기 후 여성의 뼈가 바람 든 무처럼 연해지고 속이 비는 현상을 볼 수 있다. 곁에서 보기에는 큰 변화가 없으나 뼈의 내부는 구멍이 많아 조그마한 충격에도 부러지게 된다.

다섯째로 비뇨생식기의 위축으로 인한 증세이다. 소변을 자주 보게 되고, 보고 난 후에도 시원하지 않으며, 웃을 때 자신도 모르게 소변을 지리기도 한다. 또한 성기가 건조해져 성교통 등을 겪기도 한다.

이 중에서도 골다공증이나 심혈관계 질환들은 예방이 안 되어 발생된 경우에 당사자에게 미치는 영향은 실로 막대하다. 특히 마르고 장기간 입원 등 침상 생활을 했거나, 운동량이 부족한 주부나 사무직 여성, 흡연이나 음주를 하는 경우, 난소를 떼어 낸 수술을 받은 경우에는 모두 골다공증 등 위험요인이 남보다 높다.

이제는 여성의 호르몬 변화에 관한 의학 지식의 발달과 그에 따른 진단 및 치료의 발달로 폐경기 여성을 자연의 섭리라 하며 방치하도록 내버려두지 않을 수 있게 되었다.

당뇨가 인슐린이라는 호르몬이 부족하거나 잘 작용을 하지 않아 앓는 질환이듯이 폐경기의 여러 증세와 문제는 에스트로겐이라는 호르몬 부족 상태에서 나오는 것이다. 그러므로 과학의 발달로 당뇨병 환자들에게 인슐린 호르몬을 투여하는 것과 마찬가지로 폐경기 여성에게 부족한 에스트로겐을 투여하는 것은 어떻게 보면 당연한 일인 것이다.

과거 자궁내막암이나 유방암 등과 에스트로겐과의 관련성이 부각되어 현재도 그것을 두려워하는 경우를 자주 보게 되는데, 호르몬 투여량이나 투여법은 별 관련성이 없는 것으로 밝혀져 있다. 심혈관 질환의 치료나 골다공증 예방에 호르몬 보충요법이 매우 효과적인 것으로 밝혀졌으므로 실보다는 득이 많다.

인생의 남은 1/3을 과거의 여성처럼 괴로운 증세와 질환, 우울 속에서 꼬부랑 할머니로 살아갈 것인지, 젊고 건강하게 살 것인지는 본인이 결정할 문제이지만 호르몬 보충요법에 대한 잘못된 오해는 없기를 바란다.

칼슘제만 먹으면 뼈가 튼튼해질까?

50대 중반의 여성이 어느 날 약병을 하나 들고 진찰실을 찾아왔다. 외국에서 친지가 사온 칼슘제라는데 좋은 것인지 알고 싶다고 하였다. 이 여성 환자처럼 골다공증과 관련하여 칼슘 식품에 대해 궁금해하는 사람들이 많다. 아마 대중매체를 통한 칼슘제의 선전 탓이라 생각한다. 칼슘 식품의 중요성이 부각되고 있는 것은 염려할 일은 아니지만 남용으로 이어지는 일은 걱정스럽다. 칼슘 식품만으로 골다공증을 예방할 수는 없다.

외국에서도 우리보다 앞서 1980년대 '칼슘 소동'이 일어난 적이 있다. 여기에는 두 가지 동력이 있었는데, 첫째는 골다공증의 원인이 저칼슘 식사와 관련이 있다는 것을 일반인에게 알리고자 하는 학자들의 노력이었고, 둘째는 이를 이용한 식품회사와 제약회사의 대대적인 판촉활동이었다. 당시 미국의 어느 식료잡화점에는 25종의 칼슘 강화식품이 진열되었고, 신제품이 속속 그 수를 늘려갔다.

일반 사람들에게 골다공증에 대한 교육적 효과 면에서 큰 도움이 되었지만, 다른 한편으로는 칼슘만으로 골다공증이 모두 해결된다는 오해를 낳았다.

30세가 넘어가면 노화가 시작된다. 그중 한 가지가 뼈의 질량이 서서히 감소하기 시작하는 것이다. 이를 골다공증이라고 한다. 뼈의 형성은 줄어드는데 비해 뼈의 흡수는 늘어나기 때문에 나타나는 현상이다. 뼈의 주요 성분은 칼슘이지만 뼈의 형성과 관련된 인자에는 칼슘만 있는 것이 아니다. 나이가 들면 조골세포(뼈를 생성하는 세포)는 줄어들고, 비타민 D가 부족하게 되면 기껏 섭취된 칼슘의 흡수가 떨어진다.

뼈의 질량을 결정하는 요소는 나이 외에도 유전적인 요인과 영양 상태 및 생활습관 등이 관련된다. 이 중 영양 상태와 관련하여 가장 중요한 요인은 칼슘 섭취의 부족이고, 그 외에도 알코올 및 카페인의 다량 섭취도 하나의 요인이다. 생활습관 중에서는 특히 육체적 활동이 저하된 사람이나 담배를 피우는 사람에게서 골다공증이 악화될 수 있는 위험성이 커진다.

특히 여성은 폐경기 이후 여성호르몬 결핍으로 인해 뼈의 질량이 급속히 감소한다.

그렇다면 이와 같은 골다공증의 악화를 예방할 수 있는 방법에는 어떤 것이 있을까?

우선 젊어서부터 칼슘을 적절히 섭취하는 것이 도움이 되며, 비타

민 D의 공급 및 운동, 특히 1주일에 3~4회, 1일 30~60분 정도의 체중부하 운동이 도움이 된다. 심한 골다공증에 대한 치료법으로는 칼슘의 보충이 있는데, 1일 권장량을 보면 성장기의 경우 1200mg, 성인의 경우 1000mg, 폐경기 여성의 경우 1500mg을 섭취하도록 권장하고 있다. 이외에 호르몬 보충요법, 칼시토닌 투여법 등이 있다.

뼈의 질량이 감소되는 원인에는 칼슘 부족 외에 여러 가지 인자가 관여하기 때문에 칼슘만 공급하는 것으로 골다공증을 예방하거나 치료할 수 있다고 생각해서는 안 된다. 칼슘을 아무리 많이 공급해도 흡수가 잘되지 않으면 그 효과를 볼 수 없으며, 조골세포의 기능도 나아지지 않는다. 따라서 앞에서 언급한 바와 같이 악화 요인들을 잘 조절하고 다양한 치료법을 병용할 때 치료 효과는 극대화될 수 있다.

우울증약은 습관성?

"아니 웬 약입니까?"

우울증 진단을 받은 환자에게 항우울제를 주면 고개를 갸우뚱하며 묻는 말이다. 우울증은 정신과적 질환인데 어찌 약물로 치료할 수 있겠느냐 의문인 것이다. 그렇지 않으면 "이 약 혹시 중독되는 거 아닙니까?" 하고 묻는 환자도 있다.

어떤 증세를 호소하는 환자에게 우울증에 의한 증세라 설명을 하면 자신의 질병에 대한 원인을 못 찾은 것처럼 의사를 의심하기도 하고, 다른 혈액검사나 X선 검사에서 원인이 밝혀지기를 기대하는 환자들도 있다. 그러나 기분 나쁜 상태에서 식사를 하면 소화가 안 되거나 체하는 것처럼 정신 상태와 신체의 각 장기들은 서로 긴밀하게 연결되어 있다. 그러므로 우울증이 원인이 되어 다른 신체적 증세가 생기기도 한다는 것을 알아야 한다.

우리나라 사람은 정신적 원인에 의해 증세가 나타나는 경우를 무시하려는 경향이 있다. 우울증이나 불안증이 그 대표적인 예인데, 이 둘은 증세가 겹쳐 있는 경우도 많지만 치료 방침이 다르므로 꼭 구분해야 한다.

우울증은 모든 의욕이 사라지는 것이라 생각하면 이해가 쉽다. 인

간의 기본 욕구인 식욕이나 수면욕, 성욕 등이 떨어지고 삶에 대한 의욕도 없어져 자살을 생각하기도 한다. 일상생활에서 어떤 일을 하기도 싫고 흥미도 없어지며 무력감에 빠지게 하는 우울증은 다양한 신체적 증세를 동반하기도 한다.

반면에 불안증은 어떤 특별한 대상에 대하여 불안을 느끼기도 하고, 특별한 대상이 없어도 왠지 모르게 가슴이 뛰며 걱정이 되고 미래에 대한 막연한 불안감을 느끼는 것이다.

우울증은 항우울제로 치료하고, 불안증은 항불안제와 함께 그 불안의 실체에 대해서 스스로 인지하도록 도와주는 것이 필요하다.

우울증이란 진단을 받아들이더라도 항우울제란 약물에 대한 거부감과 잘못된 관념이 치료의 장애물로 등장한다. 왜 정신적 문제를 약물로 치료하는지 납득하지 못하고, 항우울제가 수면제처럼 습관성이 있는 약물이 아닌가 우려하는 경우가 허다하다.

우울증의 원인이 여러 가지가 있을 수 있지만, 그 기본적 기전은 뇌세포끼리의 연결을 담당하는 신경전달물질과 이러한 신경물질을 받아들이는 신경세포의 기능저하를 유발한다고 요약할 수 있다. 그러므로 우울증은 약물에 의한 교정이 필요하며, 다른 치료법보다 효과가 좋다. 물론 다른 정신적 치료도 수반되어야 하나 주된 치료법은 항우울제 투여일 때가 많다.

이렇게 항우울제를 복용하면 환자의 60~70%가 1달 내에 증세가 좋아진다. 불면증과 같은 증상은 약을 먹고 1~2주 내에 좋아지지만 본격적인 우울증상은 4주가 지나야 좋아지므로 절대 처음 며칠 후 증상이 좋아지지 않는다고 약을 중단하면 안 되며 평균 6개월 정도 꾸준히 복용을 해야 한다.

우울증은 신체 내의 생물화학적인 불균형 때문에 일어난 병이므로, 이를 바로잡는 데는 항우울제가 효과적이다. 또한 항불안제처럼 습관성이 있는 약물이 아니므로 의사의 처방에 따라 복용하면 아무런 문제가 없다.

비만증은 병이 아니다?

'건강함의 상징.'

'사장님 체격.'

과거에는 비만을 이렇게 생각했으나, 이제는 고혈압, 당뇨병을 비롯한 만성질환을 유발하는 질병의 하나로 파악되고 있다. 또 자궁내막암, 유방암의 발병률도 정상인보다 비만인 사람이 더욱 높다. 비만은 만병의 적신호다.

보통 정상 체중의 120% 이상을 비만이라 한다. 비만증은 지방조직의 과다를 의미하는데, 여기서 '과다'란 건강을 위협하는 위험인자로의 역할을 하는 정도를 의미한다. 비만증의 객관적 진단방법으로는 이상적인 체중을 기준으로 하는 것이 가장 널리 활용된다. 우선 [신장(cm)-100]×0.9의 공식으로 계산하면 자신의 이상적인 체중을 알 수 있는데, 그 체중의 110%까지를 정상으로 보며, 110~120% 사이는 과체중이고, 120% 이상이면 비만증으로 정의한다. 또 다른 방법으로 BMI(Body Mass Index)를 사용할 수 있는데, 이것은 체중(kg)/신장(m)^{2}의 수치이며 25~29.9 사이를 과체중, 30 이상을 비만으로 정의한다.

비만증의 대부분은 원인 질환 없이 발생하나, 일부는 내분비 질환,

유전 질환, 환경적 요인, 심리적 요인 등에 기인할 수 있고, 열량의 섭취가 소비보다 많을 때 여분의 열량이 지방질로 축적되어 유발된다. 일단 비만증이 발생되면 여러 가지 질환이 뒤따를 수 있는데, 우선 당대사에 이상이 생겨서 당뇨병을 유발할 수 있고, 간에서 중성지방의 생성이 증가되어 고지혈증을 유발할 수 있다. 혈압도 비만증과 관계가 있는데, 그 기전은 전체 혈류량의 증가와 심장에서의 운동부하 증가, 고혈압 유발기전에 관여할 것으로 추측하고 있다.

또한 비만증은 관상동맥의 동맥경화를 유발하는, 협심증, 심근경색증과 같은 매우 치명적인 질환의 위험요소이기도 하다. 그 외에도 비만증 환자의 경우 수면 중에 상기도(上氣道) 폐색에 의해 호흡계의 장애가 오는 경우가 많고, 정맥류나 혈전 전색증과 같은 정맥질환이나 콜레스테롤 담석증, 지방간 등이 잘 생기고, 자궁내막암, 유방암, 담낭계암, 대장암, 직장암, 전립선암의 발병률이 정상인보다 높게 나타난다.

비만은 하나의 대사성 질환으로 생각해야 한다. 비만의 치료는 무엇보다도 환자의 적극적인 노력에 성패가 달려 있다. 그런 다음에야 의사가 권유한 식이요법, 행동요법, 운동요법이 빛을 발할 수 있다.

고단백 음식의 폐단

우리나라같이 정력에 좋다는 식품이 난무하는 나라도 없을 것이다. 정력에 좋다는 음식들의 공통점 중 하나는 고단백질 식품이라는 것이다. 단백질을 많이 섭취하는 것이 건강을 유지하는 데 꼭 필요하다고 생각하는 사람이 많다. 특히 다이어트 프로그램 등에서 고단백질 식품이나 보조식품 등이 강조되며, 고단백질이라고 써 있는 식품이 잘 팔린다. 많은 운동선수나 보디빌더들은 근육을 강화하기 위해 고단백질이 필요하다고 확신하고 있다. 그러면 고단백질 음식은 과연 건강에 좋은 것인가? 다른 문제는 발생하지 않는 것일까?

물론 아니다. 그런데 왜 이런 잘못된 신념이 생겨난 것일까? 이것은 1930년대 아프리카에서의 단백질 결핍성 영양실조에 대한 묘사가 지나쳐 전 세계 어린이가 단백질 부족 때문에 영양실조에 빠진 듯한 잘못된 개념을 일반인들이 가지게 된 데서 비롯되었다. 사실 기아의 문제는 단백질 결핍이 아니라, 부적절한 칼로리 섭취에 있다. 현대 대부분의 사회에서 단백질 결핍은 매우 드물다. 있다 하여도 그것은 전체적인 영양 부족의 문제이다.

과다한 단백질 섭취는 오히려 골다공증, 고혈압 등 각종 질병을 초래하여 자신의 몸을 악화시킬 염려가 있다. 단백질은 중요한 영양

소임에 틀림없으나 비타민과 마찬가지로 과다하게 섭취하면 좋지 않다. 건강을 위해 과다하게 단백질을 섭취하지 않도록 주의를 기울여야 한다.

첫째, 골다공증은 고단백질 식사와 관련이 많다. 즉 단백질을 많이 섭취하면 뼈의 주성분인 칼슘이 소변으로 많이 배설되어 뼈는 상대적으로 밀도가 떨어지게 돼 골다공증이 될 수 있다. 채식주의자가 일반인보다 골밀도가 높게 나타나는 것도 이런 이유 때문이다.

둘째, 고단백질 식사를 하는 사람에게서 신결석이 많이 발생한다. 소변에 결석 성분인 칼슘과 요산 등의 배설이 많아져 결석의 빈도가 높아지기 때문이다.

셋째, 우리 몸의 필요 없는 찌꺼기 등을 걸러내는 신장에 부담을 주어 신장 문제를 일으킬 가능성이 높아지며 이로 인해 고혈압 등이 올 수 있다. 그러므로 이미 신부전이 와 있는 경우에는 엄격한 저단백 식사가 권장된다.

적당량의 단백질을 섭취하는 것은 필요하지만, 지나친 단백질 섭취는 많은 문제를 낳는다. 고단백 음식을 섭취할 때는 흔히 지방 섭취도 함께 이뤄지는 경우가 많은데, 비만이 관상동맥 질환과 밀접한

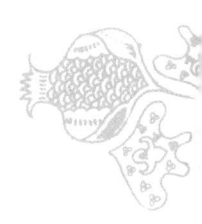

관련을 갖는 것은 이 때문이다.
  이런 식이 습관에 변화를 주기 위해서는 동물성 식품의 섭취를 줄여야 한다. 동물성 식품은 단백질과 콜레스테롤, 지방의 원천이기 때문이다. 복합 탄수화물, 콩류, 과일, 채소의 섭취를 늘려야 하는 이유가 여기에 있다.

소량의 술은 몸에 좋다?

"술을 참 좋아하는데 어느 정도가 적당량이에요?"
"약간의 술은 건강에 좋다던데요."

이렇게 물어 오는 분들이 많다. 얼마만큼 술을 마시는 것이 자기 몸에 이로운가 하는 것은 각자의 체질에 따라 차이가 있다. 때문에 모든 사람에 적용시켜 일률적으로 정확히 말할 수가 없다. 대체로 체내에서 알코올의 양이 0.05%(청주 1홉. 1홉은 약 180ml) 이내이면 몸 안의 신진대사를 촉진시켜 건강에도 좋다. 0.05~0.1%(청주 2홉) 정도면 약간 취해 기분이 좋고 모든 불안감이 없어진다. 이 정도가 술꾼들이 실수가 없는 가장 좋은 상태다. 인체의 하루 적당량은 청주 3홉 정도인데, 이는 간이 알코올을 분해할 수 있는 양이다.

알코올이 인체에 들어오면 간은 이것을 분해해서 사람에게 해가 없는 물과 탄산가스로 변화시킨다. 그런데 간이 처리할 수 있는 알코올의 양은 항시 일정하여 매시간 체중 1kg당 0.1mg이다. 이를 바탕으로 계산하면 60kg인 사람이 하루 분해할 수 있는 양은 60×0.1×24 즉 144mg이 된다. 즉 하루 청주 3홉까지가 최대량이 되는 것이다. 그 이상의 양은 인체의 해독 능력을 벗어나서 몸 안에 축적된다.

　술은 중추신경계에 작용하여 그 기능을 억제해서 섬세한 판단이나 기억, 집중력 등을 떨어뜨린다. 또한 혈관을 조절하는 중추를 억제하여 주로 말초혈관이 확장되면 얼굴이 붉어지고 피부에 온감이 느껴지기도 한다.

　알코올의 농도가 높을 때는 직접 위점막을 손상시켜 위점막의 울혈 및 위염을 일으킬 수 있고, 간에서는 지방 합성을 증가시켜 지방간을 유도하며 이러한 상태가 지속되면 간염을 거쳐 간경화로 진행하는 수도 있다.

　다량의 알코올은 근육에 직접적인 손상을 주고 발기불능 및 불임 등의 성 기능 장애도 유발할 뿐만 아니라, 임산부가 습관적인 음주자인 경우 신생아 1천 명당 4~7명이 태아알코올 증후군이라는 일종의 기형아를 낳을 가능성도 있는 것으로 알려져 있다.

　이 밖에도 술은 췌장암을 일으키고, 영양 결핍을 유발해 신체 기능 장애는 물론 감염의 위험도 증가시킨다. 여기에 술에 의한 정신적인 폐해와 음주운전에 의한 피해 등은 두말할 필요도 없겠다.

　이러한 것들을 종합할 때 술이 우리 몸에 나쁘다는 것은 아무도 부인하지 못할 것이다. 그러나 최근 몇몇 연구에서 소량의 술(30ml)을 매일 마시면 혈중 콜레스테롤 성분에 영향을 미쳐 협심증이나 심근경색증과 같은 관상동맥질환의 발생 위험을 낮춘다는 보고들이 많이 나오고 있다. 이전부터 보고되어 왔던 내용으로 매우 신뢰성이 있는 것으로 알려져 있다.

그렇다면 관상동맥질환을 예방하기 위해 매일 소량의 술을 마셔야 할까?

대부분의 의사들은 아직도 이에 대해 회의적이다. 관상동맥질환만의 예방을 위하여 술을 마신다는 것은 비록 그것이 소량이라 하더라도 빈대를 잡기 위해 초가삼간을 태우는 것처럼 현명하지 못한 처사이기 때문이다. 그보다는 담배를 끊거나, 운동을 규칙적으로 하거나 식이 조절을 하는 것이 관상동맥질환의 예방에 훨씬 효과적일 것이다.

더욱이 술이라는 것은 습관성, 중독성이 있기 때문에 처음에는 소량으로 시작한다 하더라도 서서히 통제를 벗어나 다량으로 이어지는 경우가 허다하다. 아무리 조금씩 마신다 하더라도 그것이 하루 이틀 지속되면 앞서 말한 것처럼 위해한 작용을 할 가능성도 충분히 있다. 게다가 다량의 음주는 중성지방의 혈중농도를 올려서 오히려

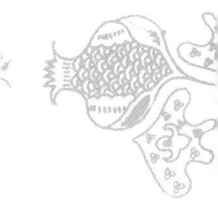

관상동맥질환의 위험을 증가시킨다.

특히 우리나라와 같이 취할 때까지 마시는 음주문화에서는 소량의 술로 어떠한 질병을 예방하겠다는 생각은 매우 위험하다고 할 수 있다.

결론적으로 소량의 술이 건강에 좋을 것이라는 생각은 버리는 것이 낫다.

중년을 위한 건강관리법

서양 사람들은 40세에 가장 큰 생일파티를 한다. 왜냐하면 40세가 소위 '인생의 변환점'이라고 생각하기 때문이다. 새로운 인생의 시작이라는 의미이다.

40세가 되면 인간에게는 많은 변화가 시작되는데, 특히 신체에서 가장 두드러진다. 세포가 노화되기 시작하고 눈·귀·피부·심장·폐·간·근육·뼈·호르몬 등 모든 인체의 기관에서 변화가 시작된다. 반면에 창의력에는 변화가 없고, 집중력은 오히려 향상된다.

대학 후배 P씨의 경우는 그런 40대의 변화에 대한 극적인 예가 될 수 있다. 한번은 베이징 출장 중에 많이 아프다고 내게 전화를 했다. 그 다음날 오전, 귀국한 P씨가 바로 진찰을 받으러 왔는데, 얼굴도 창백하고, 열도 높고 증세가 심각해서 서둘러 입원 조치를 했다. 그런데 그날 밤 당직 전공의의 연락을 받고 도착해 보니 그는 상태가 악화되어 중환자실로 보내졌는데, 의식이 혼미해 사경을 헤매고 있었다.

전공의에게 몇 가지 지시를 하고 중환자실을 나오는데 그의 부인이 기다리고 있었다. 부인은 "남편이 하도 건강해서 병원에도 한번 안 가던 사람인데 이게 웬 날벼락이냐"고 했다. 하지만 이러한 평소

의 생활 태도, 즉 병원에 안 가는 것을 자랑으로 생각하는 태도가 바로 문제였다. P씨는 출장 전에 골프를 쳤는데, 오른쪽 상복부가 뜨끔뜨끔했다고 한다. 준비운동 없이 갑자기 쳐서 그런 게 아닌가 하고 골프가 끝난 후 뜨거운 탕 속에서 마사지를 했더니 좀 나은 것 같아서 근육통이라 생각하고 진통제를 사 먹고, 약간 결리는 것 같았으나 중국 출장이 임박해 간단히 침을 맞고 출국했다는 것이다.

그러나 불행하게도 그것은 간에 있던 '혈관종'이 골프를 칠 때 약간 터져서 출혈했던 것인데, 매우 드문 경우였다. 아무런 조치 없이 방치된 출혈 부위에 세균이 침입하여 그는 결국 패혈증으로 사망했다. 그의 사망원인은 단적으로 말해서 '하도 건강해 병원에도 한번 안 갔다'고 자랑해 온 것이다. 한 번이라도 제대로 된 검진을 받았더라면 P씨는 아직까지 살아 있을 것이다.

구체적인 통계는 없지만 우리나라 사람들, 특히 40대 이상 성인들의 목욕에 대한 집착은 어느 나라보다 각별하다. 우연히 호텔 로비에서 고교 동창을 만났는데 그는 호텔 사우나에 거의 매일 들른다고 했다. 그러면서 건강관리는 사우나가 최고라는 말을 덧붙였다. 자세히 보니 얼굴은 부잣집 맏며느리처럼 주름살 없고 개기름까지 흘렀다. 배는 불룩하게 나와 아무리 봐도 건강한 모습은 아니었다. 오히려 얼굴에 기름기 없이 마르고 배가 홀쭉하며 날씬하고 잽싸게 보이는 스타일이 건강형이다.

목욕이 건강에 최고라고 하면서 술 마시고, 담배 피우고, 고스톱하고, 몸에 좋다는 음식이나 보약을 먹는 게 우리나라 중년의 초상이다. 만일 이 친구의 말대로 목욕이 건강의 최고라면 목욕탕 주인이나 종업원들이 제일 건강해야 하지 않을까?

목욕탕에서 목욕하는 양태도 가지가지다. 냉탕 온탕을 넘나들며 '아! 시원해'를 연발하는 사람들, 탕 속에 들어갈 때 가슴 아래만 담그는 게 최고라는 '이론파', 무슨 한이라도 맺힌 듯 목욕타월로 피부껍질을 벗겨대는 '때밀이파', 죽염으로 피부를 문질러 대는 사람, 배의 지방을 뺀다면서 빨래를 하듯이 배를 쥐어짜서 속으로 멍이 드는 사람들, 기체조를 한다면서 탕 속에서 묘한 동작을 하는 사람들… 우리네 목욕탕은 그야말로 건강 비법 전시장이라 할 만하다.

언젠가 중소기업을 경영하는 C씨(47세)가 가슴이 아프고 자꾸 체중이 줄어든다고 해서 우리 병원에 입원한 적이 있다. 입원 후 검사 결과 협심증과 당뇨로 진단되어 치료를 시작했다. 하루는 아침 회진을 하러 환자의 병실에 들어가니 입원실 탁자에 각종 곡물이 쌓여 있었다. 보아 하니 식이요법 재료인 것 같았다.

C씨에게 '병원은 식이요법 센터나 영양센터가 아니니 빨리 치워 버리시는 게 좋을 것'이라고 했더니 무척 언짢은 표정이었다. 탁자 옆에 놓여 있는 『ㅇㅇ건강법』이라는 책자를 보면서 또 한번 허탈함을 느꼈다.

우리나라에는 비과학적이고, 검증되지 않은 각종 건강론, 식이요법 등이 매스컴에 회자되고 그것을 믿는 사람들이 늘어나고 있다. 특히 난치병, 불치병 등에 걸린 환자의 약한 마음을 이용해 각종 건강론들이 춤을 추는 현실이다. 무엇을 먹고 어떻게 했더니 심장병을 고쳤다, 암을 고쳤다, 당뇨를 고쳤다는 등 허무맹랑한 간증 아닌 간증이 꼬리를 문다. 그저 한심할 따름이다.

자기가 산성 체질이라서 '좋은 체질'인 알칼리성 체질로 바꾸기 위해서 왔다는 40대 여성 환자도 있었다. 어이가 없어 산과 알칼리를 어떻게 구별하는지 아느냐고 물으니 잘 모르겠다고 대답했다. 무슨 체질인지 알기 위해선 몸을 갈아 즙을 만든 후 리트머스 시험지를 담가봐야 안다고 '엄포'를 놓았더니 환자는 겁에 질린 표정이었다.

'소위 체질이란 것은 문학적 표현일지 몰라도 과학적 표현은 아니니 쓸데없는 생각은 말라'고 말한 후 돌려보냈다.

또 한번은 중풍환자가 입원했다. 59세인 K씨는 갑자기 몸 오른쪽이 마비돼 입원했는데, 중풍의 원인이 되는 심장병, 고혈압, 뇌경색 등을 확인해도 전혀 이상이 없었다. 그래서 컴퓨터로 뇌를 촬영한 결과 왼쪽 뇌에 토란알만 한 하얀 덩어리가 보였다. 바로 이것이 K씨가 중풍을 일으킨 원인이었다.

그 하얀 덩어리의 정체는 촌충이라는 기생충이었다. 어떻게 이런 기생충이 K씨의 머리에 들어가 중풍을 일으켰을까? 그 대답은 간단하다. K씨가 먹었던 정력강장식품 오소리에 있던 기생충이 뇌에 들어간 것이다. 정력강장제라면 사족을 못 쓰는 중년들의 씁쓸한 사례이다.

중년 건강의 적신호는 뭐니 뭐니 해도 협심증, 고혈압, 당뇨병, 암, 중풍 같은 각종 성인병이나 우울증이다. 중년기의 건강을 잘 관리해서 이런 병을 예방하려면 먼저 성격을 고쳐야 한다. 또 무엇이든지 골고루 즐겁게 적당히 먹고 꾸준히 운동하는 것은 필수 실천사항이다. 최소한 1년에 1회 이상의 건강검진이 필요하고, 평소와 다른 증

상이 있을 때는 조기 진찰 받는 것을 원칙으로 정해두도록 하자.

또 맵고 짜고 지나치게 태운 음식은 먹지 않는 게 좋고, 필요 없는 약은 먹지 않는 게 좋다. 하루에 6시간 이상 수면을 취하고, 병이 생겼을 때 과학적이고 검증된 치료를 꾸준히 받는 것도 중요하다. 금연과 절주 등도 꼭 지켜야 할 실천사항이다.

이 모든 것은 그리 특별한 것도 아니고 일상 속에서 언제든지 실천할 수 있는 상식적인 것들이다. 그런데도 가볍게 여기고 지키지 않는 것만큼 어리석은 일이 어디 있겠는가.

만성피로를 벗어나는 10가지 방법

　만성피로증후군이란 그 병명에서도 알 수 있듯이 피로가 계속된다는 뜻이다. 보통 특별한 질병이 없는 건강한 사람이면 하루 이틀 휴식으로 피로가 풀리지만, 만성피로 환자의 경우는 아무리 쉬어도 피로가 가시지 않고 점점 기력을 잃으며, 다른 신체적 질병이 없는데도 미열이나 두통, 근육통, 신경질환을 호소한다. 만성피로증후군은 건강한 사람에게 갑자기 나타나는 게 특징이며 한번 발생하면 좀처럼 회복되기 어렵고, 특별한 치료 방법이 있는 것도 아니어서 많은 환자들이 고통을 겪고 있다.

　전에 전국의 28개 가정의학과에서 진료를 받은 환자 1만 2천여 명을 대상으로 만성피로증후군에 대한 설문조사를 한 적이 있는데, 그 결과 생각보다 많은 사람들이 피로로 인해 고통받고 있음을 확인할 수 있었다.

　당시 조사 대상자들 중 피로를 호소한 사람들은 피로의 원인으로 신체 이상, 사회생활, 정서적인 문제, 수면 이상, 가정 내 문제를 꼽았는데, 특히 여성의 경우 정서적인 스트레스에 더 큰 영향을 받는 것으로 나타났다.

　만성피로증후군의 가장 큰 특징은 잠을 푹 자거나 영양분을 충분

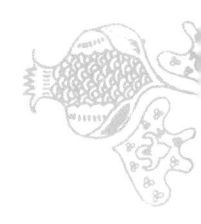

히 섭취한 후에도 피로감이 계속된다는 점이다. 약간만 무리를 해도 극심한 피로감이 밀려와서 활동량이 평소의 50% 이상으로 감소한다. 만일 이러한 증상이 호전되지 않고 6개월 이상 계속된다면 한번쯤은 만성피로증후군을 의심해 볼 수 있다.

만성피로증후군이 현대인의 질병으로 새롭게 부각되고 있는 이유는 그 폐해가 심각하기 때문이다. 계속되는 만성피로와 무기력증이 우울증과 같은 정신질환으로 발전하여 자살에 이르는 경우까지 있으므로 만성피로를 가볍게 보아서는 안 된다.

만성피로는 건강한 사람에게도 어느 날 갑자기 닥쳐올지 모르는 질병이므로, 평소 스스로 컨디션을 조절하는 게 무엇보다 중요하다. 다음에 제시한 '일상생활의 피로를 물리치기 위한 10가지 조언'은 만성피로증후군을 예방할 수 있는 생활지침이다. 이 항목들을 평소 꾸준히 실천하여 건강한 생활을 유지할 수 있도록 늘 힘써야 할 것이다.

일상생활의 피로를 물리치는 10가지 조언

1. 일과 휴식을 분명히 구분하자.

 일할 때는 업무에 집중하되 휴식시간에는 확실히 쉬도록 한다. 휴식은 정신적, 육체적 피로를 풀 수 있도록 규칙적으로 취하는 게 중요하다. 특히 쉬는 시간에는 몸을 풀어줄 수 있도록 요가나 체조를 병행해서 신체리듬을 조절할 필요가 있다.

2. 편안한 마음을 갖도록 노력하자.

 만병은 마음에서 온다고 했다. 정서적으로 늘 불안하고, 집착이 강한 성격이라면 피로를 달고 살 수밖에 없다. 예민한 성격을 보다 무디고 관대한 성격으로 바꾸도록 노력해야 한다. 매사 긍정적이고 편안한 마음가짐으로 살아가는 것이 피로를 줄이는 비결이다.

3. 운동을 규칙적으로 하자.

 아무리 힘들고 피곤하더라도 주 3회 이상 한두 시간씩 규칙적으로 운동하는 습관을 가져라. 처음에는 줄넘기, 조깅 등 가벼운 운동으

로 시작해서 차츰 강도를 높여나가는 게 좋다. 땀을 통해 몸 안에 있는 노폐물을 배출하고, 깨끗한 산소를 들이마셔 혈액순환을 원활히 할 수 있도록 해야 한다.

4. 먹고 싶은 음식을 마음껏 먹는 게 좋다.

무리한 다이어트는 오히려 신체 기능의 이상을 초래한다. 백 가지 보약보다 영양이 풍부한 음식이 건강에 더 이롭다. 하지만 편식이나 과식은 금물. 적당량을 골고루 섭취하도록 한다. 좋아하는 음식을 먹는 것이 또 하나의 살아가는 기쁨임을 명심하자.

5. 친구와 툭 터놓고 이야기할 기회를 자주 가져라.

어느 여성학자의 『수다로 풀자』라는 책이 있다. 말도 잘하면 몸에 보약이 된다. 가까운 친구와 이웃에게 잠깐이나마 말로 스트레스를 푸는 시간을 가져라. 생활에 작은 활력도 생기고, 피로를 물리치는 좋은 방법이다.

6. 마음껏 소리를 질러서 스트레스를 발산하라.

답답한 도심, 숨 막히는 공기에서 탈출하고 싶은 욕망을 몸소 실천하라. 한 달에 한 번 이상은 야외로 나가 마음껏 소리를 질러보자. 시간이 여의치 않으면 집이나 회사에서 가까운 노래방을 찾아가 소리를 질러보자. 어느새 답답한 마음이 시원하게 뚫리는 경험을 맛볼 것이다.

7. 가족들과 충분한 대화의 시간을 가져라.

치열한 경쟁과 삭막한 사회생활에서 얻은 스트레스는 가족들의 따뜻한 손길과 정감어린 말로 치유될 수 있다. 가족 간의 화목을 유지하며 힘든 일, 위로받고 싶은 일이 있을 때는 늘 함께 나눌 수 있는 시간을 갖자.

8. 긴장을 풀어주는 한두 잔을 즐기라.

소량의 알코올은 혈액순환을 돕고, 몸에 활력이 생기게 한다. 심장에 좋다는 레드 와인이나 하루 한 잔 정도의 맥주는 건강에 유익하다는 것이 의학적으로도 입증되었다. 가까운 지인들과 환담을 나누

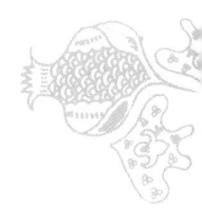

면서 마시는 한두 잔은 피로를 말끔히 씻어줄 것이다.

9. 충분한 숙면을 취하라.

만성피로를 호소하는 많은 사람들이 수면장애로 우울증에 걸리는 경우가 많다. 신체의 정상적인 활동을 위해서는 충분히 숙면을 취해야 한다. 너무 많거나 너무 적게 자는 것은 건강에 이롭지 않다. 수면장애가 계속된다면 전문의의 상담을 받는 것도 좋은 방법이다.

10. 피로를 가볍게 넘기지 말고 전문의와 상담하자.

피로를 병이 아닌 것으로 오인하여 그냥 방치해 두는 경우가 많다. 그러나 휴식을 취해도 피로가 풀리지 않고 다른 신체적 이상이 동반된다면 피로 역시 일종의 병이다. 이럴 때는 반드시 전문의를 찾아야 한다. 피로는 다른 질환의 원인이 될 수도 있으므로 올바른 원인을 찾는 것이 중요하다.

사계절 건강법

계절이 바뀔 때마다 인체의 생리주기는 조금씩 변화를 띤다. 계절의 변화에 따른 기온과 습도의 변화에 적응하기 위해 우리 몸은 미리 준비를 하는데, 이런 과정에서 몸의 저항력이 약해져 질병에 노출되는 경우가 많아진다. 각종 질병이 환절기에 자주 발병하는 것도 바로 그런 이유 때문이다.

봄

우선 봄철에는 겨우내 운동 부족과 영양 부족이 누적되어 여러 가지 질병을 앓기 쉬운 가장 괴로운 시기이다. 우리 몸은 봄이 되면서 갑자기 운동량이 많아지면 갖가지 증상을 일으키게 되는데, 가장 일반적인 현상이 춘곤증이다.

춘곤증의 증상은 가슴이 답답하고, 어깨가 뻐근하며, 눈꺼풀이 저절로 감기는 것이다. 또한 졸음과 함께 식욕부진, 피로, 소화불량, 불면증, 가슴이 두근거리는 증상이 생기는데, 건강한 성인의 경우 1주 혹은 2, 3주 동안 지속되다가 시간이 지나면 깨끗이 사라진다.

춘곤증을 예방하기 위해서는 규칙적인 생활과 올바른 영양 섭취

가 무엇보다 중요하다. 식물의 어린 잎, 어린 순, 열무, 풋마늘, 쑥, 취나물, 다래, 도라지, 두릅, 더덕 같은 푸른 잎 채소를 통해 비타민을 충분히 섭취하는 것이 좋고, 꽁치 같은 질 높은 불포화지방산을 함유한 생선을 먹는 것이 좋다.

하지만 봄철에 졸음이 몰려온다고 해서 커피나 청량음료를 마시는 것은 춘곤증에 도움이 되지 않는다. 피로감을 풀기 위해서는 오히려 깊은 숙면을 취하는 것이 더 좋은 방법이다. 그러기 위해서는 그날그날의 정신적 스트레스는 곧바로 푸는 것이 좋으며, 간혹 밤잠을 제대로 자지 못한 경우라면 낮시간에 20~30분 정도 눈을 붙여 몸에 피로가 쌓이지 않도록 예방하는 것도 도움이 된다.

봄이 되어 운동을 시작할 때는 강도를 낮추어 시작해 서서히 높여가는 게 좋다. 오랫동안 운동을 하지 않으면 뼈에 있는 칼슘이 빠져나가 근육조직이 약해지고, 심장과 허리, 다리 기능이 쇠약해진다. 그래서 무리한 운동을 할 경우, 관절이나 근육에 부담이 생길 수도 있다.

겨울에서 봄으로 넘어가는 시기부터 조금씩 가정이나 직장에서 벽, 식탁 같은 것을 이용해 가볍게 몸을 풀어주는 것이 좋다. 벽에서 한 발짝쯤 떨어져서 허리 운동을 한다거나 식탁의 끝을 잡고 팔굽혀 펴기를 한다거나 앉았다 일어서기를 하는 식으로 가볍게 몸을 풀어 주면 상당한 도움이 된다.

대부분의 사람들에게 춘곤증은 일시적인 현상이지만, 춘곤증이 계속될 경우는 다른 질병과 함께 나타나는 경우가 있기 때문에 특별히 주의해야 할 필요가 있다. 춘곤증은 내 몸속의 균형이 맞지 않는다는 신호이므로, 너무 가볍게 여기다가 간혹 큰 병을 부를 수도 있다. 자신의 몸에 일어나는 변화를 항상 주의 깊게 살펴야 한다.

여름

여름이면 냉방병 때문에 고통을 호소하는 사람들이 늘어나고 있다. 요즘에는 직장뿐 아니라, 가정에서도 방마다 에어컨을 사용하는 집이 많기 때문에 자연히 냉방병의 발생 빈도도 늘어나고 있다. 냉방병은 인간의 어리석음이 부른 대표적인 현대병이라고 할 수 있다.

냉방병은 급격한 실내외 온도 차이와 장시간 냉방에 노출되어 지나치게 습도가 감소하면서 생겨난다. 그 자체가 하나의 질병은 아니

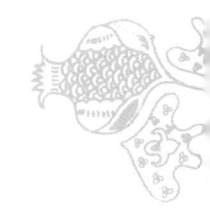

지만, 감기, 코막힘, 기침, 천식 등 여러 가지 호흡기 장애와 고열, 두통, 요통, 근육통, 소화불량 등을 일으킨다. 여성들은 특히 생리적인 이유와 남성에 비해 체온을 뺏기기 쉬운 옷차림을 하기 때문에 냉방병에 걸리기 쉽다.

냉방병을 예방하기 위해서는 실내외 온도차가 5°C를 넘지 않도록 하는 것이 중요하다. 그리고 또 하나 주의해야 할 점은 지나친 습도의 하락이다.

습도가 30~40%까지 떨어지면 호흡기의 점막이 마르고 저항력이 약해져서 각종 질환에 쉽게 걸리게 된다. 또 찬 공기가 직접 몸에 닿지 않도록 하고, 최소 1시간 간격으로 에어컨 가동을 중지시켜 몸이 지나치게 차가워지는 것을 막아야 한다.

그 밖에도 여름철에는 온도와 습도가 높아서 세균의 번식이 용이하고 병을 옮기는 곤충의 번식이 활발하여 전염성 질환의 발생 빈도가 증가한다. 또한 여행의 기회가 많고, 무더운 날씨 때문에 빙과류, 생선회 등 찬 음식을 통해 감염성 질환에 노출되기 쉽다.

여름에 흔히 발생하는 식중독은 주로 세균성 식중독으로 세균이 물이나 음식에서 번식한 후, 체내에 들어와 발열과 두통, 설사, 복통 등 여러 가지 증상을 일으킨다. 식중독 증세는 대체로 시간이 지나면 저절로 낫지만, 병원에 가서 다른 질환과 감별진단을 한 후, 그에 맞는 치료를 받는 것이 필요하다.

식중독에 맞는 가정요법으로는 12~24시간 정도 금식하되, 보리차로 수분을 섭취해 주고, 하루나 이틀이 지난 뒤 증세가 나아지면 미음, 죽, 밥의 순서로 옮겨가며 식사를 하면 된다.

가을

가을철을 건강하게 보내기 위한 비법은 여름 장마 내내 지쳐 있던 신체를 잘 쉬게 하는 것이다. 그러기 위해서는 잘 먹고 충분한 휴식을 취하는 것이 중요하다. 음식이야 무엇이든 가리지 않고 골고루 섭취하는 것이 중요하지만, 특히 양질의 단백질과 신선한 야채를 많이 권하고 싶다.

또한 가을은 운동하기에 참으로 좋은 계절이다. 환절기 건강을 지키는 데 꼭 필요한 것이 운동이다. 여름 내내 운동을 하지 않았던 사람이라도 어떤 운동이건 자신이 할 수 있는 종류를 선택해서 즐겁게 지속적으로 하라고 권하고 싶다. 운동을 할 때는 강박적으로 꼭 매일 할 필요는 없다. 일주일에 3일 이상 할 수 있다면 좋고, 정 안 되면 그 이하도 아예 하지 않는 것보다 낫다.

여름에서 가을로 넘어가는 환절기는 노약자들에게 그리 반가운 계절이 아니다. 나이가 든 노인들이나 심장질환, 폐질환, 관절염 등 기존 질환을 갖고 있는 사람은 갑자기 쌀쌀해진 날씨에 감기로 인한 폐렴이나, 인플루엔자를 앓지 않도록 주의해야 한다.

따라서 노약자의 경우는 미리 예방접종을 하는 것이 좋다. 인플루엔자는 시기적으로 8~10월 사이에 받는 것이 좋다. 폐렴성 구균의 예방접종은 일생에 한 번만 받으면 된다.

가을철에 주의해야 할 또 하나의 질병은 유행성 출혈열이나 쯔쯔가무시, 말라리아 같은 열이 나면서 여러 가지 합병증을 수반하는 질병이다. 가을에는 날씨가 좋아서 야외로 나가는 경우가 많은데 이럴 때는 사람이 잘 다니지 않는 들판은 주의하고, 아무데서나 눕지 말아야 하며, 특히 모기에 물리지 않도록 해야 한다. 그리고 가을철에 열이 나면 결코 가볍게 생각해서는 안 된다. 이때는 반드시 의사와 상의하는 것이 좋다.

겨울

　겨울이 되면 갑자기 떨어지는 기온으로 몸의 저항력이 약해지기 쉽다. 외부 기온이 저하되는 것 자체가 사람에게는 하나의 스트레스 인자가 될 수 있기 때문에 겨울철에는 갑자기 찬 공기에 노출되는 것을 피하는 것이 좋다. 겨울철의 차고 건조한 공기는 호흡기 계통의 점막을 자극하여 염증을 일으키고 바이러스나 세균의 침입을 용이하게 한다.
　겨울에 쉽게 걸리는 감기도 바이러스의 감염에 의해 생기는 병이다. 유행하는 바이러스의 종류에 따라 감기의 증상은 조금씩 달라지지만, 기본적으로 호흡기를 통해 감염되는 경향이 크기 때문에 감기가 유행하는 시기에는 여러 사람이 모인 곳은 피하고 외출 후에는 손을 깨끗이 씻는 것이 중요하다.
　또한 감기는 증세가 오래되면 폐렴과 같은 합병증을 불러올 수도 있고 천식을 악화시킬 수 있다. 천식을 유발하는 인자로는 집먼지 진드기가 문제가 된다. 이불, 카펫, 소파, 애완동물 등을 통해 집안에서 발생하는 집먼지 진드기는 천식을 재발시키는 고질적인 원인

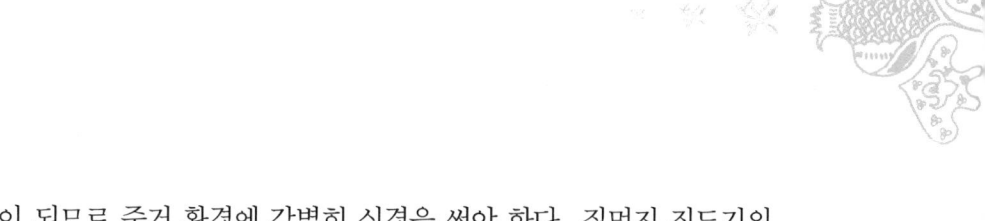

이 되므로 주거 환경에 각별히 신경을 써야 한다. 집먼지 진드기의 서식을 막기 위해서는 환기를 자주 하고, 이불은 가끔씩 햇볕에 말리는 것이 좋다.

겨울철에는 고혈압, 동맥경화, 협심증 등의 병이 있는 사람들은 더욱 조심해야 한다. 기온이 떨어지면 몸의 에너지 손실을 줄이기 위해서 말초혈관들이 수축하게 되는데, 이것이 혈압 상승으로 연결된다.

고혈압이 있으면 항고혈압약제를 복용하는 것이 제일 중요하다. 고혈압의 조절은 평생 계속 해야 한다고 생각하고 계속 약을 복용해야 하며, 특히 겨울철에는 더 자주 혈압을 체크해야 한다. 고혈압 환자는 겨울에 사전 예방이 가장 중요한데, 찬물 세수나 추운 날의 외출은 가급적 피하고 몸을 따뜻하게 해주는 것이 좋다. 급격한 온도 변화를 피하고 운동은 걷기, 맨손체조 등 가볍게 할 수 있는 것으로 제한해야 한다.

류머티스 질환에서 관절의 증상은 겨울에 악화되기 쉽다. 그중 대표적인 질환이 류머티스 관절염이다. 류머티스 관절염은 아침에 일어나면 손마디가 뻣뻣해지고 조금 일을 하고 몸을 움직이면 증상이 좋아지는 양상을 보인다. 류머티스 관절염의 증세를 보일 때에는 우선 정확한 진단을 받는 것이 무엇보다 중요하다.

 추운 경우, 주위의 근육 수축으로 인하여 관절에 통증이 유발될 수 있다. 한랭에 노출되어 관절이 뻣뻣해지고 아플 때에는 뜨거운 물찜질이나 사우나 등을 이용하는 것이 도움이 될 수도 있다.

심장 질환, 고혈압 환자에게 맞는 운동

"그게 뭐 운동이 됩니까?"

"운동을 하려면 이 정도는 해야죠?"

의사가 환자에게 가벼운 운동을 권할 때나, 자신은 건강을 위해 이런 운동까지 한다고 자랑할 때 환자들이 답하는 말이다.

건강에는 운동이 필수적이다. 그러나 운동이 건강에 만능 처방이라고 생각해서는 안 된다. 자신의 신체적·환경적 요소를 고려하여 선택해야 된다. 그렇지 않고 어설픈 운동을 택해 자기 몸을 혹사시키면 건강한 몸에 없던 질병이 생기거나 병을 더 악화시킬지도 모르기 때문이다.

고혈압 환자가 헬스클럽에서 바벨을 들거나 수영을 하다—수영은 기본적으로 유산소 운동이나 무리를 하면 무산소 운동이 될 수 있다—뇌출혈 등을 일으키는 경우를 가끔 볼 수 있다. 운동이 주된 치료 수단이 될 만큼의 효과가 있는 것은 아마 당뇨병과 비만 정도가 아닐까 생각한다. 물론 그 외 질병에도 운동은 간접적으로 많은 도움을 주지만 몇 가지 질병, 예를 들어 심장질환과 같은 경우에는 전문가의 지도하에서 운동요법을 익혀야 한다.

운동은 크게 등장성(等張性) 운동과 등척성(等尺性) 운동으로 나눌 수 있다. 등척성 운동은 말 그대로 근육이 굴신 없이 똑같은 길이를 유지하는 운동으로서 좋은 예로 역기를 든 상태에서 근육이 굴신 없이 얼마나 버틸 수 있나를 가름하는 역도를 들 수 있다. 이처럼 등척성 운동시 근육에는 엄청난 긴장이 요구된다.

반대로 등장성 운동은 특별히 근육의 긴장이 필요치 않은 대신 반복적인 근육의 굴신이 요구되는 운동이다. 걷기 운동이 좋은 예이다. 걸으면서 평상시와 달리 근육에 힘을 줄 필요는 없지만 다리를 폈다 구부렸다 반복해야 되기 때문이다.

등장성 운동은 다시 유산소 운동과 무산소 운동으로 나눌 수 있다. 간단히 말해서 유산소 운동은 상대적으로 가볍고 기분 좋게 땀이 밸 정도의 운동이고, 무산소 운동은 무리를 하여 운동을 하고 나면 피곤을 동반하는 운동이다.

같은 달리기라도 가벼운 조깅은 등장성 유산소 운동이라 할 수 있고, 100m 달리기는 등장성 무산소 운동이라고 할 수 있다.

유산소 운동의 이점은 인체의 심폐 기능의 적응도를 높여준다는 점이다. 층계를 몇 개만 올라도 숨이 차곤 했는데 운동을 시작한 이후에는 몸이 날듯이 가볍고, 덩달아 매사에 자신감이 생기고 행복한

느낌이 든다. 뿐만 아니라 유산소 운동은 여러 가지 성인병을 예방하는 데도 도움이 된다는 것이 밝혀지고 있다.

사실 역도 같은 등척성 운동이라든가 100m 달리기 같은 등장성 무산소 운동은 운동선수들 이외에 일반인에게도 권할 필요가 있는지는 의문이 간다.

허리가 아플 때 하는 운동

"일요일에 등산을 가는 게 어떤가요?"

"식후 30분 정도의 산책은요?"

풍만해 보이는 중년 여성이 오랫동안 이유 없이 허리에 통증이 있다 하여 방문한 적이 있었다. 진찰 결과 체중과다와 운동부족에 의한 만성통증으로 생각되어 운동을 권하니 그 여성이 이렇게 물었다.

결론부터 말하자면 모든 운동이 건강에 좋은 것은 아니다.

자기 몸에 맞는 운동을 택해야 된다. 이 환자와 같이 비만과 관련된 만성요통의 경우엔 가능하면 유산소 운동을 통해 체중을 줄이는 것이 가장 중요하다. 환자가 말하는 등산은 지속적이지 않아 효과를 볼 수 없을 뿐더러 환자에게 체중부하를 주게 되어 오히려 증세가 악화될 수 있다. 또한 산책은 맥박수가 증가되지 않아 별 효과가 없다.

어떤 운동을 어떻게 하는 것이 좋은지에 대해 정확히 알고 있는 사람은 별로 없는 것 같다. 예컨대 건강 증진을 위한 운동으로 매주 일요일 등산을 한다는 사람이 있는데 보기에는 매우 좋은 운동을 하고 있는 것 같지만, 효과적인 운동법은 아니다. 반면에 식후에는 항상 30분 정도 산책을 열심히 한다는 사람이 있는데, 이 또한 도움이 되지 않는 운동법이다. 그렇다면 건강 증진을 위해 운동을 한다고 할 때 어떤 원칙이 있는 것인가?

이는 유산소 운동이 되어야 하며 유산소 운동을 할 때는, 첫째 운동 강도는 최대 운동 능력의 50~80% 정도여야 한다. 최대 운동 능력은 맥박수를 가지고 계산하게 되는데, 이 공식은 '220-자신의 나이'가 된다. 예컨대 40세가 된 사람의 최대 운동 능력은 220-40=180이다. 따라서 윗사람이 운동을 한다면 자신의 맥박수가 0.5~0.8×180=90~164회/분 사이로 유지되는 운동이 적합한 운동 강도다. 둘째, 하루 운동 시간은 30~60분가량을 지속하는 것이 좋다.

이와 같은 건강 증진을 위한 유산소 운동의 두 가지 일반적인 원칙 외에 개인의 상태도 고려를 해야 한다.

심장이 좋지 않아 숨이 찬 사람이 처음부터 맥박수가 160회가 되도록 운동을 하는 것은 매우 위험한 일일 것이다. 이런 경우에는 비교적 낮은 강도의 운동부터 적응시켜 서서히 운동량을 늘려나가는 것이 중요하다.

그렇다면 허리가 좋지 않은 사람에게 어떤 운동이 좋을까?

이 경우에도 일반적인 원칙에 따라 유산소 운동을 이것저것 하도록 권하는 것이 바람직할까? 유산소 운동 중 우리가 흔하게 접하는 것으로 조깅이나 빠른 걸음으로 걷는 것 등을 요통환자에게 권해도 되는 것일까? 이는 체중부하 운동이므로 허리에 무리를 주는 것이 사실이다. 그러므로 이런 운동은 적절한 운동이라고 보기 어렵다.

요통에는 급성요통과 만성요통이 있는데, 우선 급성요통 환자인 경우에는 무리한 유산소 운동을 피하고, 최소 2~3일간 침대에서 안정을 취하면서 침상에서 복부 근육이나 둔부의 근육을 강화시키는 운동을 하는 것이 중요하다. 수영이나 사이클링 같은 것은 허리에 큰 부담이 되지 않으면서도 효과적인 유산소 운동이 될 수 있기 때문에 요통 환자에게는 적합한 운동이다.

왜 100살까지 살기 어려운가?

"할머니 100살까지 오래 사셔야지요" 하고 말씀드리면, "아이고 100살까지 살아서 뭐해요, 빨리 죽어야지"라고 대답하시는 할머니들이 많다. 그러나 인간은 놀랍게도 대개 110살까지는 살 수 있다고 한다.

인간의 수명을 얘기할 때 흔히 우리는 평균수명을 기준으로 얘기한다. 우리나라의 경우 75세 정도이고 일본의 경우는 이보다 조금 더 길다. 하지만 이 평균수명은 자신의 신체를 잘 관리한 사람, 또 잘 관리하지 않는 사람, 불의의 사고로 사망하는 사람들을 다 합해서 평균을 낸 나이일 따름이다. 약간의 차이는 있지만 현재 장수를 연구하는 과학자들은 대체적으로 인간의 최대수명이 110세 정도라는 데 동의한다.

노화는 각 개인의 유전인자, 돌연변이, 세포 내외의 독소 축적, 면역 기능 감퇴 등 여러 요인들의 상호작용에 의한 결과이다. 아직까지 노화를 전부 설명할 수 있는 단일 이론은 없지만 그중에서도 가장 유력한 것은 프로그램학설이다. 이에 따르면 생물학적 노화는 미리 짜여진 유전적 계획에 따라 일어나는 것이다. 즉 모든 세포는 일정 시간이 지나면 작동이 멈추도록 프로그램이 되어 있다. 관리가 잘된 경우에는 110년을 돌도록 되어 있는 시계가 장치되어 있다는 것이다. 하지만 불행히도 우리들은 110년을 돌고 멈추도록 되어 있는 시계를 70, 80년밖에 사용치 못하고 죽어가며 때로는 그 절반도 못 가서 멈추도록 혹사시키고 있는 것이다.

그러면 유전적 잠재력을 충분히 누리면서 병 없이 지낼 수 있는 방법이 있는가?

우리나라만큼 장수식품이 성행하는 나라도 드물다. 도대체 그 수가 헤아릴 수 없을 만큼 많은데, 하나같이 몇 년을 유행하다가는 사그라지고, 또 새로운 것이 나타났다가는 사라지곤 한다. 때로는 이의 과다한 복용으로 인해 목숨을 잃는 사태까지 벌어지기도 한다. 왜 그것을 먹어야 하는지, 누가, 언제, 얼마나 먹어야 하는지, 해롭지는 않은지를 따져보지 않으니 그저 먹어보니 좋은 것에서 만병통치약으로까지 되고 만다. 마치 어렸을 적 많이 부르던 노래인 '사과는 맛있어'로 시작되는 노래처럼 결국에는 사과는 길다로 둔갑해 버린 꼴이다.

지금까지 무병장수와 관련된 많은 것들 중에는 물론 과학적으로 또 수십 년간의 증거로 입증되어 있는 것, 입증은 안됐지만 가치가

있는 것, 아직 권장할 만하지는 않지만 연구가치가 있는 것도 있다.

  이 중에서 과거에도 그랬고 현재와 미래에도 변하지 않을 정말 중요한 방법들이 있을 것이다. 확실한 것은 우리들이 지금 비싼 돈을 들여서 사 먹는 많은 것들은 비록 그것이 허황된 것은 아니라 할지라도 그 중요도가 높지 않다는 점이다. 1, 2, 3위의 것을 행하지 않는 상태에서는 조물주가 부여한 110년이라는 수명을 충분히 누리며 건강하게 살 수 없음을 잊어서는 안 된다.

행복한 인생을 위한 장수 건강 5계명

9988234라는 말을 들어본 적이 있는가? 99세까지 팔팔(88)하게 살다가 2일간 아프고 3일 만에 죽는 것(4)을 숫자로 표현한 것이다.

인간은 누구나 건강하게 오래 살고 싶어한다. 그래서 그런지 각종 건강장수이론이 활개를 치는데, 그중에는 전혀 검증되지 않은 허무맹랑한 설도 많다.

우리나라는 지난 2000년 65세 이상 인구 비율이 7.2%를 기록해 고령화 사회에 진입했고 오는 2019년에는 14.4%, 2026년에는 20%를 기록해 초고령 사회에 들어설 것으로 예상되는 만큼 다른 선진국에 비해 고령화 속도가 빠르다.

이제 단순히 오래 사는 시대는 지났다. 은퇴 후에 남은 시간을 건강하고 행복하게 사는 것이 주된 관심사가 되고 있다. 이미 노년층의 욕구를 충족시킬 많은 상품들이 선보이고 있지만, 무병장수의 비결은 값비싼 대가를 주고 구입한 것이 아니라 바로 일상생활 속에 담겨 있다. 평소 생활습관을 바르게 갖는 것이 무엇보다도 중요하다. 대한의사협회 산하 국민의학지식향상위원회에서는 건강한 노후 생활 설계의 기본이 되는 장수 건강 5계명을 발표했다.

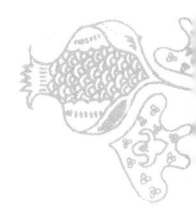

1. 매사 긍정적으로 사고하고 아름다운 삶을 갖자

　매사 긍정적으로 사고하고 많이 웃는 습관은 노인 건강에 매우 중요하다. 과학적인 근거도 있다. 미국 인디애나 주 메모리얼 병원의 임상실험 결과 매일 15초 웃으면 이틀을 더 살았다. 또 우리 옛 임금들은 장수하기 위해 '웃음내시'를 옆에 두고 살았다 한다.
　밝은 생각과 웃음이 노인에게 중요한 이유는 젊을 때보다도 체력이 떨어지고 스트레스에 민감하게 되면 비관하기 쉬워지기 때문이다. 노인 자살이 증가하고 있는 것도 알고 보면 마음의 병, 우울증이 주된 원인이다.
　심각한 생각보다는 유머를 즐기며 밝고 화려한 색상의 옷을 입는 것도 도움이 된다. 매일 아침 거울을 보며 웃는 연습을 하며 하루를 시작해 보자. 또 마음을 훈훈하게 해주는 이야기를 많이 읽고 매사에 감사하는 마음을 갖는다면 하루하루가 즐거워질 것이다.

2. 지적 활동을 통해 뇌 기능을 유지하라

두뇌 운동을 하면 뇌 기능이 저하되는 현상을 예방할 수 있다. 흔히 나이가 들수록 뇌 기능이 저하되면서 기억력, 지적 및 감각적 능력이 저하된다고 알고 있다. 실제로 노년 생활의 삶의 질을 현격히 떨어뜨리는 것이 뇌에 생기는 이상이다. 대표적인 노인병인 치매는 전 세계적으로 65세 이상 노인의 10%, 80세 이상의 28%가 앓고 있을 정도로 고령화되는 추세에 맞춰 증가하고 있는 질환이다.

그러나 생활 속에서 뇌를 자극하는 두뇌 운동을 해준다면 작게는 기억력 감퇴, 크게는 치매에 이르기까지 뇌의 노화 현상을 충분히 늦출 수 있다. 뇌의 활동을 자극하고 정신 건강을 유지시켜 주는 두뇌 운동은 다양하다. 크로스퍼즐을 매일 풀어보는 것도 좋고, 산 이름이나 지명 암송 연습을 하는 것도 좋다. 또 노인사회복지관이나 노인정을 찾아 벗을 만나고 취미 활동을 하는 것도 도움이 된다. 넓고 깊은 인간관계는 인지 능력 향상과 유지의 근본이기 때문이다.

가벼운 운동이나 걷기도 두뇌 자극에 효과적이다. 운동은 팔, 다리, 근육으로만 하는 것이 아니라, 이들 신체가 움직일 수 있도록 하는 데는 뇌의 조정 역할이 꼭 필요하기 때문에 신체 건강과 더불어 뇌 기능을 활성화하는 데도 이롭다.

3. 근력 강화 운동으로 전신 건강을 다져라

세월에 흐름에 따라 가장 큰 변화를 보이는 것이 근육의 양이 감소하여 근력이 약화되는 것이다. 근육의 양이 감소되면 체력뿐 아니라, 근육에 의해 운동하는 심장 등의 장기 기능에도 악영향을 주고, 균형 감각 및 순발력이 줄면서 낙상 등의 사고가 일어날 가능성이 높아진다. 또 노인 관련 질환의 직·간접적인 원인이 되어 삶의 질을 떨어뜨린다.

평소 근육의 양과 근력을 강화하는 운동을 하면 신체 기능의 급격한 저하를 방지할 수 있다. 운동은 자신의 연령과 신체 상태를 고려하여 계획을 세워두고 임해야 한다. 골관절염과 같은 퇴행성 관절질환, 고혈압이나 심혈관계 질환이 많은 노인들에게는 걷기, 자전거타기, 수중 운동, 수영 등이 적당하다. 특히 걷기는 노인의 골다공증 진행을 막아줄 뿐만 아니라 체중 조절에 매우 좋은 유산소 운동이다.

근육과 인대 등을 서서히 늘여 신체의 유연성을 증가시켜 주는 스트레칭 또한 개인에 따라 적절히 하는 것이 좋다. 그러나 무리해서는 안 되며 약간 땀이 날 정도의 수준에서 멈추는 것이 좋다.

4. 고른 영양 섭취는 건강의 기초다

노인의 영양 상태는 건강을 좌우하는 결정적인 요인이다. 그러나 나이가 듦에 따라 호르몬이 감소하여 식욕이 감퇴하고 미각이 떨어져 영양 공급에 차질을 빚을 수 있다. 음식을 통한 고른 영양분 섭취는 질병에 대항하여 우리 몸을 방어하고 사회활동을 하는 데 필요한 에너지를 유지시켜 준다.

그렇다고 고지방 고열량식이 좋다는 것은 아니다. 노인의 기초대사량과 활동량은 감소하기 때문에 칼로리는 줄여나가면서 정상체중을 유지해야 한다. 이러한 노년기에는 스트레스를 감소시키고 여유를 갖고 즐거운 식사를 하는 것이 건강에 무엇보다도 도움이 된다.

노인을 위한 식단 구성에 있어서는 5가지 기초식품군을 골고루 사용하고, 비타민이 풍부한 과일을 이용하며 후추, 겨자, 식초 등 향신

료나 풋고추, 부추 등의 녹색채소를 이용하여 식욕을 돋우는 것이 중요하다.

  생선이나 육류의 살코기 등 소화가 잘되는 단백질과 식물성 지방을 우선으로 선택하여 비만을 예방하고 소화 흡수를 증가시키도록 한다. 하루 1~2컵 정도 우유를 따뜻하게 데워서 마시면 칼슘 섭취에 좋다. 변비를 예방하기 위해서는 섬유질과 수분이 충분한 식사를 해야 한다. 마지막으로 식사는 최소한 30분이 소요되도록 천천히 먹고 규칙적으로 해야 비만을 예방할 수 있다.

5. 정기 검진으로 병을 관리하라

  나이가 들면 잔병치레가 잦아지거나 퇴행성 질환으로 고생할 우려가 높다. 특히 순환기계 질환으로 생명에 위협을 받는 경우도 허다하다. 건강한 노년 생활을 설계하려면 건강할 때 예방하는 것도 중요하지만, 규칙적인 검진을 통해 건강을 점검하는 것이 중요하다. 설령 지병이 생겼더라도 자신의 건강 상태를 수시로 점검할 수 있어 응급상황을 예방하거나 병을 키우지 않게 된다.

대개 건강검진을 비용이 많이 들고 복잡한 것으로 여길 수 있다. 그러나 집과 가까운 곳에 의료원을 주치의로 삼고 정기적으로 점검한다면 신체의 이상 증상을 초기에 잡아낼 수 있다. 그러나 경제력이 없는 노인들은 의료비 지출이 걱정되어 병원 문을 자주 두드리기 힘들다. 이럴 경우에는 국민건강보험공단이나 보건소에서 실시하는 무료 건강검진을 이용할 수 있다. 건강검진 후에는 식생활·운동 등의 실천 방법, 기타 생활환경 및 습관의 개선 등에 대한 상담을 받도록 한다.

국민의학지식향상위원회는 사회대표, 언론계, 시민단체, 종교계, 의료단체장들과 실무진으로 구성된 대한의사협회 산하 기구로서 국민들에게 제대로 된 의학지식을 제공하고 있다. 저자는 국민의학지식향상위원회의 위원장을 맡고 있다.

최고의 운동, 걷기와 달리기

바람직한 운동은 각 개인의 요구와 능력에 맞되 개개인의 기능적 능력을 향상시키고 유지할 수 있어야 한다. 또한 즐길 수 있어야 하고 오랫동안 지속할 수 있어야 한다.

일정 기간 동안 큰 근육을 지속적, 반복적, 동적으로 사용하지만 무리가 되지 않고 즐길 수 있는 운동을 선택해 8~12주 정도 지속적으로 꾸준히 운동을 해야 효과가 나타난다. 이런 조건을 만족시키며 가장 보편적이고 손쉽게 시작할 수 있는 운동이 걷기와 달리기이다.

자신의 체력을 파악하는 것부터 시작하자

교통기관이 발달한 현대에는 먼 거리를 걷는 경우가 드물기 때문에 현대인은 건강 유지를 위해서 적극적으로 운동하는 시간을 마련하지 않으면 안 된다. 우선 1주일간의 생활을 점검해 보자. 점검할 사항은 수면시간, 아침식사 여부, 편식 여부, 과식 여부, 흡연량과 음주량, 하루에 걷는 시간, 스트레스의 정도, 주말을 어떻게 보내는가 등이다. 아무리 달리기를 시작했다고 해도 무절제한 생활을 하면 의미가 없다. 그리고 건강진단도 필요하다. 의사에게 달리기를 시작해도 좋은가 상담해 보는 것도 좋다. 심전도, 흉부방사선 사진, 청진, 혈압 측정 등의 검사로 충분하다. 이것만으로도 심장병이나 고혈압의 유무를 알 수 있다.

모든 것의 기초는 걷기부터

꾸준한 걷기는 실로 놀라운 효과를 낸다. 체중 감소, 성인병 예방, 노화 방지, 집중력·사고력 향상 등 일일이 나열하기 힘들다. 비만의 원인인 체지방을 없애는 것은 근육과 유산소 운동이다. 근육량이 많아지면 기초대사량이 커지고 아울러 체내 열량 소비가 늘어난다. 체지방을 연소시키기 위해서 산소가 필요한데 유산소 운동은 바로 많은 양의 산소를 체내로 끌어들이는 운동이다.

걷기는 달리기 못지않은 유산소 운동으로 산소를 규칙적으로 많이 들이마실 수 있다. 또한 올바른 자세로 걷는다면 근육을 단련할 수 있다. 걷는 중에 체지방이 연소되고 걷기로 얻어진 근육은 기초대사량을 높여 다시 지방이 체내에 축적되는 것을 방지한다.

갑자기 달리기를 시작하면 근육이나 관절, 심장 등에 장애가 발생

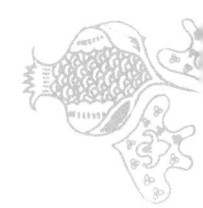

할 위험조차 있다. 어떠한 운동을 시작하기 전에 반드시 몸을 풀어주는 것은 그 때문이다. 물론 달리기도 예외는 아니다. 달리기를 시작하기 전의 가장 효과적인 준비운동은 걷기다.

걷기와 달리기 자세에는 공통점이 많기 때문에 걷기로부터 무리 없이 달리기로 이행해 갈 수 있다. 처음엔 몸을 움직이는 것을 목표로 아주 가볍게 걷는다. 그러다 천천히 보폭을 넓히고 적극적으로 팔을 흔든다. 거리와 시간을 조금씩 늘려, 속보로 걷기를 한다.

바람을 친구로 달리는 기쁨

걷기를 하면서 기초 체력과 다리 힘을 키웠다면 이제는 달리기를 시작하자. 마라톤 중계를 보고 있으면 달리는 것이 매우 힘든 것으로 생각하기 쉽다. 따라서 왜 저렇게 사서 고생하는가 의구심을 가질 수 있다. 처음 달리기를 시작했을 때는 짧은 거리, 짧은 시간으로도 힘든 느낌을 갖기 쉽다. 그런 경우에는 무리하지 말고 걷기로 바꿔 호흡을 가다듬고 다시 달리는 것이 좋다. 긴장을 풀고 달리기를 즐겨보자. 힘들다고 느껴지는 시기가 지나면 언제까지라도 달릴 수 있을 것만 같은 쾌감이 찾아온다. 약 3개월 정도 달리는 습관을 붙이면 자신의 몸이 달리는 것에 적응해 가는 것을 느낄 수 있을 것이다.

효과적인 달리기법

매일 하는 것을 기본으로 최소한 일주일에 3번 정도 한다. 운동 강도에 따른 몸의 반응을 잘 살펴야 한다. 초보자라면 처음 3~4주 동안은 걷기와 달리기를 번갈아 가면서 하는 것이 좋다. 일반적으로 안정적으로 달릴 수 있을 때까지 달리기 부분을 점차 늘려간다.

바른 걸음으로 몸 풀기를 하고 원하는 속도까지 진행한다. 어깨를 뒤로 하고 머리를 올린 것이 좋은 자세이다. 팔과 손은 자유롭게 흔들어준다. 달리기를 계속함에 따라 보폭을 늘리고 팔을 더욱 더 활발하게 움직인다. 발뒤꿈치가 땅에 닿게, 발 앞부분을 구부려 발바닥 전체에 영향을 줄 수 있도록 엄지발가락을 밀어준다.

다칠 수 있기 때문에 너무 빨리 달리려고 하지 말아야 한다. 또한 심장에 무리가 가지 않도록 한다. 달리기를 마친 후에도 대화할 수 있을 정도의 강도로 해야 한다. 달린 거리가 아니라 시간이 문제다.

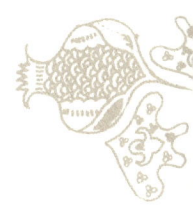

예를 들어 3~4Km보다 20분 뛰는 것에 목표를 두는 것이 좋다. 얼마만큼의 거리를 뛰었나를 생각하지 않고 다양하게 루트의 변화를 주면서 뛸 수 있기 때문이다.

좀더 도전을 하려면 언덕이나, 경사진 곳을 추가한다. 팔의 움직임이 지나치게 과격해지지 않도록 한다. 오르막에서 달리기 할 때는 앞으로 몸을 기울이고 상체의 힘을 이용해 같은 속도를 유지한다. 달리기를 계속하면서 매주 10% 정도로 운동시간을 늘려준다. 운동 전후나 도중에 되도록 물을 충분히 마신다. 달리기 후 근육에 아직 열기가 있을 때 몸 전체를 스트레칭한다. 특히 하체의 오금쪽을 집중적으로 스트레칭한다.

달리는 시간대와 코스를 설정하자

실제 달리기를 시작하면 언제 달리기를 해야 좋을지, 어디에서 달려야 하는지 등이 문제가 되는 경우가 있다. 집 주위에서 달리기를 하려 해도 적당한 환경이 조성되어 있지 않아 달리기를 포기하는 사람도 있을 것이다.

자유로이 이용할 수 있는 시간을 언제든지 만들 수 있는 사람은 괜찮지만 일반인의 경우는 평일에 달리기를 할 수 있는 시간이 한정되어 있다. 정해진 시간에 일을 끝내고 곧바로 귀가하는 사람이라면 저녁식사 후 가볍게 한 바퀴 달릴 수 있지만, 현실적으로 야근이나 동료들과 회식 등으로 저녁시간은 매우 불규칙한 경우가 많다. 습관적으로 달리기를 할 생각이면 역시 아침시간이 최적이다. 이른 아침이 싫다고 하는 사람은 보통보다 30분에서 1시간이라도 괜찮으니 일찍 일어나도록 해보자. 아침운동은 회사에 출근해서 일에 임할 때도 보다 적극성을 띠게 하고, 더 나아가서 성격을 한층 더 밝게 해주는 효과가 있다. 그야말로 '일석삼조'의 효과를 얻을 수 있다.

한국워킹협회는 체육인, 의사, 법조인, 스포츠 기자 등이 활동하는 보건복지부 산하 사단법인이다. 저자는 한국워킹협회회장을 맡고 있다.

건강과 주택

주택은 국소기후, 즉 가옥기후를 만들어 자연환경의 변화로부터 인체를 보호하고 휴식, 오락을 통해 인간 생활의 능률을 향상함과 동시에 건강을 유지하는 데 크게 기여하고 있다. 따라서 가옥 구조의 보건적 결함은 건강 장애를 초래할 수 있으며, 주택의 형태는 지역적 환경 조건에 따라 건강과 밀접한 관련을 갖는다. 또한 개개의 주택이 그 구조와 관리가 아무리 양호하다고 해도 다른 주택과의 배열이 나쁘면 주거생활이 불편할 뿐 아니라 보건상 나쁘다.

사람이 기거하기에 적합하고 그 지역 기후 조건에 맞도록 가옥기후를 조절하기 위해서는 반드시 지켜야 하는 기본 조건이 있다.

첫째, 안전과 보안을 확보하고 재해를 방지할 수 있어야 한다. 둘째, 생리적 요구를 만족시킬 수 있어야 한다. 셋째, 일상생활이 능률적이고 쾌적하게 이루어질 수 있어야 한다. 넷째, 질병 발생 및 전염 방지의 조건이 충족되어야 한다. 다섯째, 주거비 부담이 적어야 한다. 여섯째, 정서적으로 안정감을 느낄 수 있어야 한다.

이러한 조건을 만족시키기 위해서는 적절한 일조시간과 온도, 습도, 채광 등이 필요하다. 일조시간은 최소 4~6시간 정도는 되어야 한다. 햇빛은 신진대사의 증진과 피부 단련 및 비타민 D 형성 등 건강상 절대 필요할 뿐 아니라 채광에 의한 실내 건조 등 위생에도 필요하기 때문이다. 특히 실내에서 많이 생활하는 현대인에게는 더욱 중요하다. 기온과 습도는 때에 따라 다르지만 보통 옷을 입었을 때의 기준으로 기온 18~20°C, 습도 60~65%가 유지되는 것이 좋다. 또한 실내를 자주 환기하면 오염된 실내 공기를 바꿀 수 있고 집안이 눅눅해지는 것을 막을 수 있다.

이러한 조건이 충족되지 않을 때는 여러 가지 질병이 발생할 수 있는데, 그중 대표적인 것이 다음 두 가지다.

첫째로는 알레르기 질환을 생각할 수 있다. 아토피성 피부염, 천식, 알레르기성 비염으로 대표되는 알레르기 질환은 여러 가지 원인으로 인해 생기는 면역 질환이지만 가장 대표적으로 알려진 원인은 집먼지 진드기다. 대도시일수록 아토피나 알레르기 발병률이 높은 이유는 주거문화의 서구화로 고온 다습한 실내의 침대, 카펫, 이불 등에 집먼지 진드기, 곰팡이의 서식이 급속하게 증가하고 실내의 건축내장재에서 방출되는 각종 유해가스, 화학물질 등으로 실내 위생 환경 오염이 심각해졌기 때문이다.

둘째로는 최근 문제가 되고 있는 새집증후군(Sick House Syndrome)

이 있다. 1980년대 중반 스웨덴의 의학자에 의해 제기되었는데 이후 새집 거주자가 두통과 현기증, 메스꺼움, 졸림의 증세를 보인 것을 BRI (Building Related Illness), SBS(Sick Building Syndrome), TBS(Tight Building Syndrome) 등으로 지칭하면서 본격적으로 논의되어 왔다.

미국의 경우 이미 1980년대, 일본에서도 1990년대부터 사회문제로 등장한 새집증후군은 석유화학 문명이 만들어낸 이른바 환경공해병이다. 새집일수록 벽지, 바닥재, 페인트 등 각종 건축자재에서 나오는 포름알데히드, 휘발성 유기화합물 등 유독성 화학물질에 노출될 가능성이 크기 때문이다. 주요 원인이 되는 물질인 마감재의 접착제에서 나오는 포름알데히드, 실크벽지나 커튼 등 화학제품에서 나오는 톨루엔, 벤젠 등 휘발성 유기화합물, 시멘트나 석면 등에서 방출되는 라돈 가스, 미세먼지 외에도 수많은 유해 물질들이 아토피성 피부염, 알레르기성 천식을 일으키며 심한 경우 암을 유발하기도 하는 것으로 알려지고 있다. 새집증후군에 제대로 대처하지 않을 경우 화학물질이 닿기만 해도 생활이 불가능해지는 화학물질과민증에 걸릴 위험도 높아진다. 관련 자료에 따르면 실내 공기에서 1천여 가지의 화학물질이 발견됐고 새집의 오염물질은 입주 후 6개월 정도에 최고조에 달한다.

일찍이 위험성을 간파한 미국, 일본 등 선진국은 정부와 민간 기구 등이 제도적인 대책을 마련하고 관련 업계에서도 저독성 자재 개발 생산에 힘 쏟고 있다. 우리나라도 '다중이용시설 등의 실내공기질관리법'을 제정해 시행하고 있다.

이 규정에 따르면 1백 개 이상 의료기관, 연면적 1천 m^2 이상인 장례식장, 노인복지시설 등은 실내오염물질 규제기준을 준수하도록 하고 있다. 그러나 아파트, 연립주택 등 공동주택이 오염물질 방출 건축자재 사용제한 대상에서 제외돼 있어 일반 주거시설에 대해서는 사실상 기준이 전무한 실정이다. 또 건축자재 오염물질 관련 각종 인증제도도 시행되고 있으나 강제 규정이 아니어서 건축업자들이 인증받지 않은 제품을 사용해도 제재할 방법이 없어 문제점으로 지적된다.

새집증후군을 일으키는 유해 물질 종류와 증상은 다음과 같다.

- 포름알데히드: 대표적인 실내 오염물질로 눈과 코에 대한 자극부터 어지럼증, 피부 질환, 동물실험에서 코암(비암)까지 일으키

는 것으로 알려져 있다. 이외에도 점막을 자극하고 호흡기 장애, 중추신경 장애, 정서 불안, 비염, 정신 집중 장애, 기억력 상실, 만성 염증을 유발할 수 있다. 포름알데히드를 물에 섞은 포르말린은 단열재나 합판·섬유·가구 등의 접착제로 건축자재에 널리 쓰이며, 방출 수준이 절반으로 줄어드는 데 2~4년 걸릴 만큼 장기간에 걸쳐 유해 물질을 내뿜는다.

- ◆ 방부제, 염화메틸렌 : 피부 자극, 호흡기 질환 유발.
- ◆ 일산화탄소, 미세입자, 연소 가스 : 만성두통, 기관지염, 현기증, 피로감, 정신 기능 저하 유발.
- ◆ 접착제, 방부제의 톨루엔 등 유기화합물 : 눈 자극, 의욕 저하, 두통, 현기증, 불면증, 천식 유발. 바닥접착제, 칩보드, 페인트 등 건축 마감재에서 주로 방출되며, 톨루엔은 피부, 눈, 목을 자극하며 두통과 현기증, 피로를 일으킨다.
- ◆ 방부제의 붕산염 : 눈 자극, 생식 기능저하 유발.
- ◆ 곰팡이, 음식 냄새 : 호흡기 질환 유발.

이러한 질환들은 조금만 주의를 기울이면 예방하거나 악화를 막을 수 있다. 주택환경을 바르게 유지하는 것은 질병 예방의 지름길이다.

(사)한국건강주택협회는 건강문제(새집증후군, 헌집증후군, 아토피 등)와 주택문제를 연구하고 그 해결책을 강구하기 위하여 주택, 건설 분야, 학자, 행정가, 사업가 등이 참여한 건설교통부 산하 사단법인이다. 저자는 (사)한국건강주택협회의 회장을 맡고 있다.

소중한 것들

달동네 청년의사

나는 1967년에 의과대학을 졸업하고 뒤이어 보건행정학 석사 과정을 마쳤다. 그리고 군의관 생활을 하면서 박사 과정을 준비해 1972년에 의학박사 학위를 받았다. 그때 쓴 박사 학위 논문의 제목이 「연세 지역 주민의 동맥 혈압에 관한 연구」였다.

이 논문에서 말하는 '연세 지역'은 그 당시 가난한 사람들이 모여 사는 연세대학교 주위의 산에 빽빽이 들어섰던 산동네, 소위 신촌의 판자촌을 말한다. 나는 이 논문을 쓰느라 그 지역을 수없이 뒤지고 다녔다. 처음에는 논문을 완성할 요량으로 갔었는데, 어느새 그곳 사람들이 처한 현실이 눈에 들어오기 시작했다.

그들은 무척 참담한 삶을 이어가고 있었다. 그곳은 물, 불, 길이 없는 소위 '3무(無)지대'로 통하는 낙후된 곳이었고, 이런저런 질병에 시달리는 빈민들이 많았다. 약 5만 가구 정도가 다닥다닥 모여 살았는데, 정말 별의별 부류의 사람이 다 모여 있었다. 범죄를 저지르고 도망 온 사람, 왕년에 유명했지만 지금은 별 볼일 없이 되어버린 만화가, 빈민촌을 대상으로 하는 일수업자, 무속인, 날품팔이 등 다양한 부류의 사람들이 밀리고 밀려서 마지막으로 모여드는 곳이기도 했다.

대부분의 아이들은 영양 부족으로 제대로 성장하지 못했고, 주거 환경이 나쁜 탓에 지역 사람들의 위생 상태는 엉망이었다. 그래서 나는 논문을 끝낸 후에도 종종 연희동 판자촌이 있는 쪽을 바라보며 안타까운 마음에 오랫동안 이 생각 저 생각에 잠기곤 했다.

그런데 때마침 이 판자촌에 서울시가 건물을 대고, 세브란스 병원이 의료를 제공하는 지역보건관리소가 건립되면서 나에게 소장을 맡아달라는 제의가 왔다. 그 지역을 대상으로 연구한 논문으로 박사를 받았으니, 이번 프로젝트의 적임자라는 게 이유였다.

당시에 나는 최연소 박사로서 나름대로 웅대한 꿈을 가지고 있었지만, 그 제의에 응했다. 소위 말해서 잘나가고 있는 판에 골치 아프게 지역보건관리소를 맡을 이유가 있느냐며 나의 결정에 대해 이해할 수 없다는 반응을 보이는 친구도 있었다.

"잠깐 기초만 잡아주면 될 거야."

친구에게 한 말이지만, 사실은 나 스스로도 그렇게 믿고 있었다. 하지만 나는 결국 그렇게 하지 못하고 2년 가까이 그곳에서 생활하게 되었다.

연희동 지역보건관리소에서 내가 가장 먼저 할일은 의료 활동이

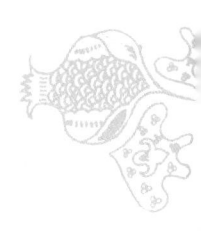

아니었다. 환자들을 치료하는 것보다 더 시급한 문제는 가난과 질병, 배신과 억눌림으로 삐뚤어진 그들의 마음을 치료하는 일이었다. 그들에게는 약이나 주사보다 마음의 위로와 상담, 살아갈 용기를 북돋아주는 일이 더 필요했다. 근본적인 삶의 문제가 해결되지 않은 상태에서 의료 봉사는 일시적인 처방에 불과했기 때문이다.

나는 점점 의사의 입장을 떠나 소외된 그들의 삶에 깊이 뛰어들고 있었다. 또 한편으로는 지역사회의학 분야를 깊이 연구하면서 그들에게 실질적인 도움을 줄 수 있는 일들을 찾기도 했다. 내가 소장을 맡고 있던 연희 지역보건관리소에는 사회사업학이나 신학을 공부하는 사람들도 많이 드나들었다. 나는 거의 매일 밤 그들과 함께 우리나라의 정치, 경제, 보건, 사회 등 모든 분야에 대해 격렬한 토론을 벌였다.

또 진료 사업과 보건 교육, 지역사회 교육을 펼치고 건강위원회를 꾸리는 등 다양한 활동을 해나갔다. 뜻있는 젊은 청년들이 모여 함께 일을 하다보니, 열정과 의욕이 넘쳐났고 우리는 잠을 줄여가며 밤마다 각 가정을 돌면서 필요한 일들을 찾아서 하곤 했다.

그때 함께 뜻을 나누었던 사람들은 지금 제 갈 길로 가고 없지만,

30여 년의 세월이 흐른 지금도 나는 그 시절 그 얼굴들을 떠올릴 때마다 가슴이 뜨거워진다. 돌이켜보면 그렇게 의욕적으로 신이 나서 일을 했던 때가 또 있었던가 싶다.

당시에 나는 빈민 가정을 위해 후원자를 찾아 돈을 빌려주는 일이나, 신문 가판대를 설치하는 일, 생선 장사를 주선하는 일에 앞장서기도 했다. 그 당시 연희동은 부촌과 빈촌이 공존하는 곳이어서, 우리는 부촌에서 돈을 구해 빈촌에 쏟아붓는 식으로 두 지역을 넘나들며 활발하게 움직였다.

언젠가 한번은 리어카를 하나 사주면 식구들이 먹고 살겠다는 청년이 있어서, 돈을 마련해 리어카를 한 대 사준 적이 있었다. 그런데 며칠 지나지 않아 그 청년이 와서 하는 말이, "아버지가 알코올 중독인데 선생님이 사주신 리어카를 갖다 팔고, 그 돈으로 술을 다 마셔 버렸어요" 하는 것이었다. 참 기가 막힌 일이었지만, 그것이 바로 이 지역 사람들이 처한 현실이었다.

그렇게 그들과 부대끼면서 별별 일을 다 겪는 사이에 내가 보건관리소에서 일한 지도 어느덧 반년이 지나가고 있었다. 그리고 그때부터 지역 주민들은 마음을 열고 보건관리소를 친숙한 공간으로 받아들이기 시작했다.

 너무나 가난한 사람들이었기에 사이다 한두 병도 무척 귀한 것이었다. 그런데 하루는 주민 한 분이 어쩌다 생긴 사이다를 먹지 않고 고이 두었다가 내게 가지고 왔다. 그 사이다 한 병은 지금도 나에게 잊지 못할 선물로 영원히 기억되고 있다.

 연희 보건관리소에 많은 사람들이 드나들고 점점 활기를 띠면서 아내도 덩달아 바빠졌다. 주말마다 보건관리소로 와서 수없이 많은 약봉지를 싸는 일은 대부분 아내의 몫이었다.

 당시 내가 받는 월급은 부모님을 모시고 살면서 아이 셋을 키우기에는 터무니없이 적은 액수였다. 그런데도 걸핏하면 주민들을 돕는다며 호주머니를 터는 남편이 얼마나 원망스러웠을까. 그런데도 아내는 그런 내색 한번 하지 않고 틈만 나면 나를 돕기 위해 애를 썼다.

 "그래도 군대 다닐 때보다는 형편이 나아졌잖아요. 그 동네 아이들은 공책도 없어서 내가 싸 보낸 하얀 약봉지를 모아 거기다 뭘 쓰고 그러던데 어떻게 우리 애들 생각만 할 수 있었겠어요."

 언젠가 한번은 아내에게 그 시절 얘기를 꺼냈더니 뜻밖에도 이렇게 말했다. 연희동에서 근무했던 시절은 나에게도 아내에게도 정말 소중한 인생 경험이 되었던 것 같다.

보건관리소에서의 경험은 나에게 진정한 의사의 의미를 다시 생각하게 만든 좋은 계기가 되었다. 가난에 쪼들리다 못해 기진맥진한 동네 사람들, 굶기를 밥 먹듯이 하는 아이들, 범죄나 시비가 끊이지 않던 빈민촌에서 생활하면서 나는 의사가 가야 할 길이 무엇인지 어렴풋하게나마 깨달을 수 있었다. 그건 바로 세상에 가장 필요한 의사는 '가장 인간적인 의사'라는 사실이다. 권위와 명예의 상징으로서의 의사가 아니라 환자들과 함께 호흡하며 그들의 마음을 어루만질 줄 아는 인간적인 의사야말로 진정한 의미의 의사라는 사실을 알게 된 것이다.

지금도 가끔 후배 의사들에게 환자를 단지 질병으로만 보지 말고, 한 인간으로 대할 것을 강조하는 것도 이때 얻은 깨달음이 있었기 때문이다.

의사는 삶과 죽음의 세계를 넘나드는 생명을 다룬다. 그러니 먼저 사람의 생명, 그 존재의 존귀함을 알아야만 한다. 인간을 사랑할 수 없는 의사는 제대로 인간을 치료할 수 없기 때문이다.

만일 내가 가난과 질병 속에서 시름하는 연희동 사람들과 직접 생

활해 보지 못했다면 지금 어떻게 되었을까? 아마도 나는 의사가 무엇을 해야 하는지도 알지 못한 채 그저 환자의 질병만을 보는 허울만 좋은 의사로 남았을지도 모른다.

잊을 수 없는 스승

사람은 누구나 살아오는 동안 잊지 못할 사람이 있게 마련이다. 내게는 은사이신 미국 미네소타 대학교의 엘든 버글런드(Eldon Berglund) 교수가 그런 분이다.

버글런드 교수는 1916년 6월 5일 미네소타에서 태어났다. 미네소타 의과대학을 졸업한 후 소아과 전문의가 되었고 1958년에는 한국 의학교육을 위해 서울의대에서 자문관으로 일했다. 그 후 가장 한국을 아끼고 사랑하는 친한 미국인이 되어 1974년에는 세계은행 교육차관 심의차 내한해 한국의학교육에 가정의학의 도입을 권고했다.

나와 이분과의 인연은 1974년부터 시작되었다. 당시 미네소타 의대 가정의학과 교수였던 버글런드 교수는 내가 책임을 맡고 있던 연희동 보건관리소를 둘러보고 빈민 의료봉사를 어떻게 펼치는지 알아보려고 찾아왔다.

당시 젊은 의사로서 한국의 의료 현실과 지역 의료에 대해 고민이 많았던 나는 그분 앞에서 "의사라면 모두가 지역사회로 뛰어나가 모든 병을 다 예방해야 하지 않는가" 하며 격양된 어조로 열변을 토했다.

내 말을 진지하게 끝까지 다 듣고 난 버글런드 교수는 "당신이 말

하는 의료계의 모든 문제를 해결할 수 있는 방안이 있다. 그건 바로 내가 전공하고 있는 가정의학이다"라고 말하면서, 정히 문제를 해결하고 싶다면 미국으로 와서 가정의학을 공부하라고 충고해 주었다.

시간이 흘러 내가 다시 학교로 돌아간 얼마 후에 버글런드 교수는 한국에서 가정의학을 하려는 의사 1명을 미국으로 보내달라는 제안을 해왔다.

나는 그 소식을 듣고 연희동 보건관리소에서 버글런드 교수가 가정의학에 대해 이야기했던 것을 기억해 냈다. 그리고 도서관으로 달려가 가정의학(Family Medicine)에 관한 자료들을 찾아보며 기본적인 궁금증을 풀어보았다.

당시만 해도 나의 동료들은 대부분 가정의학에 대해 전혀 알지 못했다. 그야말로 금시초문인 분야였으니 동료들 중에는 아무도 미국으로 가겠다는 사람이 없었다. 하지만 나는 달랐다. 버글런드 교수와의 인연으로 가정의학에 관심을 갖게 되었는데, 가정의학에 관한 자료들에 의하면 내가 관심을 갖고 추구해 온 지역사회의학의 기본 철학과도 많은 부분이 부합되었다. 그래서 나는 그 제안을 기꺼이 받아들이기로 했다.

연희동 보건관리소 시절에 나는 어느 특정 분야를 집중해서 치료하는 기존의 의학만으로는 의료의 혜택이 필요한 가난한 사람들을 치료하기에 한계가 있다는 걸 절실히 느꼈다. 다방면에서 많은 환자를 진료할 수 있고, 또 한 사람의 환자가 가질 수 있는 여러 가지 질병을 치료하는 분야가 필요하다는 생각을 많이 했는데, 그것이 바로 가정의학 속에 들어 있는 것 같았다.

나는 1974년 미국으로 건너가 1978년까지 미네소타 의대에서 버글런드 교수의 문하생으로 가정의학을 공부했다.

그런데 도착한 첫날부터 나를 당황하게 하는 많은 일들이 기다리고 있었다. 병원에 도착하자마자 당장 환자를 보라는 것이었다. 하지만 영어가 익숙지 않았던 내가 어떻게 미국인 환자들을 제대로 볼 수 있겠는가.

나는 환자를 앞에 두고 혼쭐이 났다. 영어도 우리말과 마찬가지로 아프다는 표현이 가지각색이라 매일매일 환자를 진단하고 의료하는 일에 진땀을 뺐다. 게다가 주위에는 늘 의대 실습생들이 삥 둘러서서 나를 지켜보고 있었다. 그야말로 하루하루가 지옥과도 같았다.

그러던 어느 날이었다. 버글런드 교수가 나를 불러서 하는 말이,

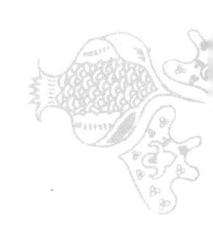

지금 수련의 생활을 하는 것보다 의과대학에 가서 좀더 공부를 하는 것이 좋겠다는 것이었다.

그때 나는 자존심이 무척 상했다. 한국에 있을 때는 조교수였던 내가 아닌가. 그것도 나이 서른에 조교수가 되어 많은 사람들에게 부러움을 샀는데, 여기서는 수련의도 모자라 다시 학생이 되라니 나는 굉장히 화가 났다.

"그렇게 하느니 차라리 의학을 떠나서 다른 일을 하겠습니다."

그러자 버글런드 교수는 다음날도 나를 불러놓고 내 손을 꼭 잡으면서 당부했다.

"닥터 윤이 미국에 와서 공부하면서 겪는 어려움은 단지 미국 내에서 존재하는 많은 의학 문제를 모르기 때문이지 다른 이유가 있는 것은 아닙니다. 나병이나 결핵 같은 전염병에 대해서는 당신이 미국 어느 학생이나 어느 수련의보다 많이 알고 있습니다. 그러니 미국의 의료 체계를 좀 배운다는 생각으로 의과대학에 가서 공부를 해서, 당신이 꿈꾸는 한국의 가정의학 창설자가 되는 것이 어떻겠습니까?"

진심으로 충고하는 버글런드 교수에게 나는 그래도 절대 그렇게 할 수는 없다며 계속 화만 내고 있었다. 그랬더니 그분은 내게 이런 얘기를 해주었다.

"이건 단순히 당신의 자존심에 관한 문제가 아닙니다. 당신의 인생 전체가 달린 문제입니다. 역경을 헤쳐나가는 방법은 두 가지뿐입니다. 적극적으로 뚫고 나가거나 아니면 순하게 받아들이는 것입니다."

결국 나는 그분의 뜻에 따르기로 했다. 나는 미네소타 의과대학의 학생이 되었고, 그 후에 다시 그분 밑에서 전공의 수련과정을 거친 후에 귀국했다.

지금 생각하면 버글런드 교수의 입장에서 그런 제안을 하기가 쉽지는 않았을 것 같다. 게다가 나는 차라리 다른 일을 하겠다며 버티는 이방인이 아니었던가.

버글런드 교수 같은 스승을 만난 것은 정말 행운이었다. 그분 덕분에 나는 가정의학의 기본부터 충실하게 공부할 수 있었고, 자존심보다 중요한 것이 있다는 것을 알게 되었다. 또 남보다 빨리 박사가 되고 조교수가 되면서 다소 오만해진 마음을 다스릴 수 있었다.

그리고 무엇보다 한 사람의 당당한 가정의학 전문의로 성장할 수 있도록 더 멀리 내다보고 나를 지도해 주신 그분의 깊은 애정에 감사

를 드리고 싶다.

"이 사람이 앞으로 한국 가정의학을 창설하고 이끌어갈 바로 그 사람입니다."

내가 공부를 거의 다 마치고, 귀국을 얼마 남겨놓지 않았을 때였다. 워싱턴의 한 호텔에서 미국가정의학회가 열렸는데, 버글런드 교수는 그 자리에 참석한 의사들에게 나를 그렇게 소개했다.

그러자 누군가가 미국에서 가정의학이 자리 잡는 데 백 년이 걸렸는데 한국 같은 나라에서 그게 말처럼 쉽겠느냐고 했다. 그 말을 듣고 오기가 났던 나는 이렇게 대답했다.

"두고 보십시오. 나는 10년 안에 한국에 가정의학을 만들어놓겠습니다."

스승 버글런드 교수를 생각하면 늘 아쉬운 일이 하나 있다. 내가 한국으로 돌아와 가정의학회를 만들고 여러 사람을 만나느라 한창 바쁠 때 버글런드 교수가 한국을 방문했다. 그때 변변하게 대접도 못했는데, 그 후로 두 번 다시 그런 기회를 얻지 못했다.

1984년에 내가 미국을 찾았을 때 버글런드 교수님은 심장수술을 받기 위해 병원에 입원 중이셨다. 그리고 병문안을 간 나에게 이런 말씀을 하셨다.

"죽기 전에 당신을 통해 한국에 조그마한 일을 하나 할 수 있게 되어 너무나 기쁘고 자랑스럽습니다. 만약 내가 수술 후에 살지 못하게 되더라도 나는 별로 여한이 없습니다."

1984년 2월 29일, 그분은 돌아가셨다. 장례식에서는 한국 가정의학의 '할아버지'라는 말로 한국 가정의학에 대한 그분의 공헌이 기려졌다.

때론 냉정하게 때론 따뜻하게 나를 일으켜 세워주셨던 버글런드 교수님. 나는 가정의학 분야에서 새로운 활동을 시작할 때마다 그분의 따뜻한 미소를 떠올린다.

아직도 그분께 보여드리고, 여쭈어보고 싶은 것들이 많은데…. 스승은 늘 제자에게 아쉬움만 남겨두고 먼저 가신다.

안 해본 일을 시도하는 삶

연희동 빈민촌에서 생활이 어려운 이들을 진료하던 당시에 나는 요사이 흔히 말하는 운동권 같은 시각을 갖고 있었다. 빈부 문제에 관심이 많았던 나는 알린스키 같은 흑인 운동가들의 책을 인상 깊게 읽었고, 마틴 루터 킹의 연설에 매료되기도 했다.

"나에게는 꿈이 있습니다. 조지아 주 붉은 언덕에서 노예와 노예를 부려먹던 노예주의 후손들이 다정한 형제처럼 손을 맞잡고 나란히 앉게 되는 꿈입니다."

판자촌 사람들의 암담한 현실을 매일 접하던 내게는 그들이 우리 사회의 희생양으로 여겨졌고, 그만큼 흑인 운동가들의 행적이나 말은 내 마음을 빼앗기에 충분했다.

젊은 혈기에 한번은 교수회의에서 사고를 친 적도 있다. 당시 학장이던 Y교수님이 '의사의 윤리'에 대해 말씀을 하셨는데, 나는 말씀이 끝나자마자 신랄한 비판을 퍼부었다.

"히포크라테스는 죽었으니 의과대학생들에게 어떻게 하면 돈을 잘 버는지를 가르쳐야 할 것입니다.…히포크라테스 인술 어쩌고 하는데 우리가 과연 그렇게 의업에 임합니까? 의사들은 일신의 부귀영화, 출세만을 생각하고 소외되고 가난한 사람들에게 관심이 없습니다."

그날 이후 나는 선배들에게 곱지 않은 눈총을 받고 동료들에게는 위험한 사람으로 취급되어 왕따를 당했다.

그 후에 나는 미국 미네소타 대학교에서 가정의학을 공부하고 우리나라에 돌아와 대한가정의학회를 만들었다. 가정의학이 스물세 번째 전문과목이 되었고, 많은 가정의학 전문의들이 배출되었다. 각종 언론에서 인터뷰와 전국 각지에서 초청강연회 요청이 끊이지 않아 나는 꽤 유명한 사람이 되었다.

그러는 사이에 세월도 흘렀다. 흙탕길을 누비며 빈민 진료에 분주하던 젊은 의학도, 그 기백을 살려 한국에 가정의학을 뿌리 내리겠다며 동분서주하던 젊은 의사는 어느새 머리가 희끗한 중년을 넘어 노년을 향해 달려가고 있다.

그동안 직업적으로, 사회적으로 분에 넘치는 성취와 명성도 얻었다. 말 그대로 무럭무럭 자라는 제자들과 후학들, 내가 일하는 직장에서는 나를 매우 아껴주는 직원들도 생겼다. '한국 가정의학의 아버지'라는 과분한 호칭으로 불리면서 일반인들에게도 인기 있는 사람이 되었다. 개인적으로는 단란한 가정과 제 갈 길 잘 가고 있는 아이들, 집과 자동차와 남에게 아쉬운 소리 하지 않을 정도의 생활력

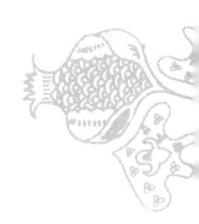

도 갖췄다. 그런 대로 잘 지내는 친구들과 동료들이 있고, 허전할 때 읽을 책들이 있고, 또 나름대로의 작은 신앙도 있다. 의사 생활 40여 년을 돌아보면 모두 감사할 것들뿐이다. 세간의 평가야 어떻든, 내 나름대로는 의사라는 직업에 만족한다. 보람도 많았고, 아주 잘 선택한 길이라는 생각이 든다.

하지만 나도 사람인지라 가끔씩은 딴 생각을 할 때가 있다. 의사인 지금과 다른 나의 모습을 그려보기도 하고, 현재의 모습을 버리고 새로운 모습으로 태어나고 싶은 욕망도 있다. 너무나 힘들었던 순간들이 떠오를 때면 이제는 모든 일에서 손을 떼고, 나 자신을 위해 더 많은 시간을 쓰고 싶은 마음이 들기도 한다. 그리고 의사 생활 40여 년에 내가 잃어버린 것들을 다시 생각해 보며 아까워할 때도 있다.

연애 시절에 아내와 편지를 주고받을 때만 해도 나는 마치 한 편의 시 같은 글도 쓰고, 철학자처럼 사랑에 대하여 우정에 대하여 뭐 좀 아는 것처럼 읊조리기도 했다. 하지만 의사의 길을 걸으며 거듭되는 공부와 시험, 미국 유학, 학위 취득 등으로 바쁜 나날을 보내고, 의사라는 전문 직업인으로서의 삶에 푹 빠져 살다보니 사색과 명상은 뒷전으로 밀려날 때가 많았다. 자연히 나의 감수성도 메마르고 쓰는 글도 딱딱해졌다.

대학 시절 이후에는 음악과도 상당히 멀어져서 기껏해야 라디오에서 흘러나오는 노랫소리에 귀를 기울이는 정도이고, 모처럼 음악회에 가서도 음악에 푹 젖어들지 못하고 바쁜 스케줄로 인해 쌓인 피로 때문에 코골지 않을 정도로 잠을 자는 경우도 있었다. 그럴 때는 솔직한 심정으로 어쩌다 내가 이렇게 재미없는 사람이 되었을까 하는 생각이 절로 든다.

이렇게 모든 것이 동전의 양면처럼 하나를 얻으면 잃는 것도 있다. 의사라는 직업은 환자의 생명을 다루는 것이니만큼 냉철하고 철두철미한 면이 필요하다. 물론 인간적인 마음과 눈이 없다면 좋은 의사가 되기 어렵다. 하지만 환자들의 생명과 건강을 위해 순발력 있게 적절한 판단과 조치를 취해야 할 때가 많다. 그러다보니 늘 긴장하며 살 수밖에 없다. 당연히 개인적으로는 점점 재미없고 조금은 건조한 생활을 반복하게 되고, 자신이 원래 가졌던 재능 중에 일부는 묵히다가 결국은 잃고 마는 것이다.

이런 것을 처음으로 느낀 것은 미국 유학 시절이었다.

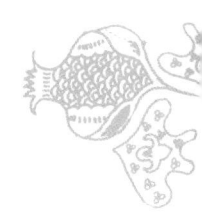

　나의 유학 생활은 전문의가 되는 데만 집중한 단세포적인 삶이었다. 오로지 공부하고 환자 진료하고 그리고 먹고 틈나면 자고 운동만 했다. 매일 반복되는 단조로운 일상에서 벗어나는 유일한 시간은 경제적인 여유가 허락할 때마다 가족들을 차에 태우고 멀리 여행을 가는 것이었다.

　한번은 신문에 모택동이 사망하면서 미국의 옐로스톤 공원을 보지 못한 게 섭섭하다고 했다는 기사가 났다. 그래서 나는 가족들을 태우고 내가 살던 미네소타 주를 출발해 이틀이나 걸려 옐로스톤으로 여행을 갔다. 그곳에 도착했을 때는 어두운 밤이었다. 묵을 곳을 찾으니 모든 숙박시설이 꽉 찼다고 해, 어쩔 수 없이 산을 넘어 멀리 떨어진 호텔로 가게 되었다.

　가는 도중에 나는 운전하느라 피곤하기도 하고, 아내와 아이들도 좀 쉬면서 가자고 해서 산의 정상 부근에서 차를 세웠다. 그리고 차에서 내려 주위를 둘러보니 그랜드캐니언이라는 팻말이 보이는 게 아닌가. 우리는 그곳을 둘러보기로 했다.

　산꼭대기에 아름다운 달빛이 비추는 계곡, 그곳에는 그야말로 장엄한 자연이 펼쳐지고 있었다. 갑자기 눈앞에 펼쳐진 대자연의 위대

함, 장엄함에 나는 넋을 잃었고, 나도 모르게 그 자리에 동상처럼 섰다. 말 그대로 개미보다 작게 느껴지는 내 존재를 다시 돌아보면서.

나는 그때의 감동을 시로 남겨 영원히 즐기고 싶었다. 그래서 여행에서 돌아오자마자 수차례 시도해 보았는데 마음대로 되지가 않았다.

'고등학교 때는 그렇게도 잘 쓰던 시를, 연애 시절만 해도 이렇지가 않았는데….'

의사라는 직업에 걸맞은 능력을 갖추려 하다보니 냉정하게 자신을 통제하고 절제하는 시간을 너무 많이 보낸 것이다. 그 결과 결국 내 마음과 감정을 마음대로 시로 표현할 능력을 잃고 만 것이다. 그 후로 나는 시 쓰는 것을 아예 포기하고, 그저 읽고 느끼며 내가 읽은 시를 마음속에 담는 것으로 만족했다.

그런데 나이가 예순이 넘고부터는 그동안 포기해야만 했던 것들이 슬슬 되살아나기 시작한다. 그리고 '앞으로는 안 해 본 일들을 하면서 살아야 할 텐데' 하는 생각을 자주 한다. 그래서 글을 써도, 사람을 만나도 의사라는 직업과 관련된 냄새는 좀 지워버리고 싶은 욕망에서 이런저런 시도도 많이 해보았다. 한때 건강과 전혀 관계없는

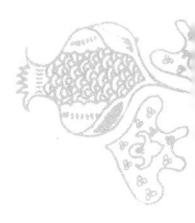

에세이 형식의 칼럼을 연재하고, 건강과 전혀 관련 없는 토크쇼를 진행하는 등의 시도가 바로 그런 것들이었다. 남은 인생 동안 그런 시도들을 계속해 보는 것도 내 삶의 균형을 잡는다는 측면에서 꽤 의미가 있을 것이라 생각한다.

휴가

고기도 먹어본 사람이 먹는다는 말이 있다. 해마다 여름이 오면 '휴가'라는 단어가 첫번째 떠오르지만 우리 세대에게는 꽤 멀었던 말이다. 사실 의과대학을 졸업하고 계속 학교에 남아서 교수의 길을 걸어오는 동안 '휴가'를 가져본 적이 없고, 휴가가 있어도 돈도 없고 마땅히 갈 곳도 없는 것 같아서 그냥 하루쯤 쉬는 것으로 알고 살아왔다. 제대로 휴가를 가본 경우가 미국에서 레지던트 할 때인 것 같다.

어쨌든 때만 되면 학교에서는 하계 휴가 계획을 내라는 공문이 오니 할 수 없이 적당히 적어내곤 했다. 실제로 4~5년 전까지만 해도 전공의들에게도 휴가를 주지 않았다. 가정의학의 교과과정이 각과로 나뉘다보니 가뜩이나 시간이 부족해 휴가에까지 할애할 여유가 없었기 때문이다. 전공의에게 이와 같이 지시했으니 교수인 나도 휴가를 가지 않았다.

그러나 곰곰이 다시 생각해 보니 휴가를 어떻게 보내는지를 잘 모르고 갈 곳도 변변치 않았던 것이 진짜 이유인 것 같다. 여름 휴가철에 만나는 친구들, 지인들이 휴가 언제 가느냐, 어디로 가느냐고 물어 오면 적당히 대답하곤 하였다. 묻는 친구들은 이번에 해외로 간다느니, 절로 간다느니, 해수욕장으로 간다느니 하고, 젊은 제자들

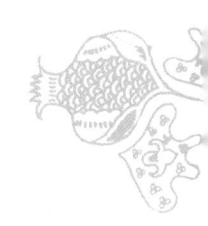

은 바다로, 강으로 또는 산으로 간다고 했다.

하와이의 마우이 섬의 한 유명한 호텔에는 다음과 같이 쓰여 있다 한다.

"신문 보고, TV 보려면 이곳에 머물지 말라."

공자는 다음과 같이 말씀하셨다.

"식자는 물을 좋아하고 인자는 산을 좋아한다. 식자는 움직이고, 인자는 가만히 있는다. 식자는 즐거워하고, 인자는 목숨을 누린다."

〔知者樂水 仁者樂山, 知者動, 仁者靜, 知者樂, 仁者壽〕

사람은 무엇이든 따지기를 좋아한다. 알고 싶은 것이 많기 때문이다. 알고 싶은 욕망은 끊임없이 의심의 길을 택한다. 의심이란 원인과 결과 사이의 줄다리기나 힘겨루기 같은 것이다. 이것을 '시비'(是非)라고 한다. 알고 싶어하는 자〔識者〕가 버릴 수 없는 것, 즉 시비의 생각과 행위는 멈출 줄을 모르고 계속된다. 그래서 아는 자는 물을 좋아한다고 했을 것이다. 물은 곳에 따라 형편 닿는 데로 흐른다.

그러나 어진 사람은 시시비비로 마음의 목을 매지 않고, 사랑하고 용서하는 두 갈래의 마음뿐으로 단순하고 투명하고 맑고, 움직이지 않으며, 고요하고 진득할 뿐이다. 오직 모든 것을 산과 같이 포용한다. 그래서 인자는 산을 좋아한다고 한다.

  현대를 살아가는 우리의 삶이 어찌 보면 하나의 전쟁이고, 경쟁, 오기, 다툼처럼 느껴질 때 어찌 하루하루가 고요하고 편하겠는가! 늘 스트레스 속에서 전쟁처럼 사는 우리 생활의 반성과 재충전을 위해서라도 조용히 쉬는 휴가가 필요하다. 이왕이면 휴가를 통해서 '지자요수 인자요산'이라는 명제에 비춰 나 자신을 음미해 봄 직하지 않겠는가?

가족의 건강

우리 가족이 사는 평창동은 서울 시내에서도 비교적 공기가 좋은 곳이다. 이 집으로 이사를 올 때도 우리 부부는 상쾌한 공기와 풀 냄새를 맡을 수 있다는 점 때문에 주저 없이 선택을 했다. 또 거동이 불편한 노모를 모시고 사는 처지여서 매일 조금씩이라도 움직일 수 있는 작은 마당이 있는 집이 필요했는데, 그런 면에서도 만족스러웠다.

요즘은 예전만 못하지만 아직도 평창동은 공기가 좋은 동네다. 평창동 언덕배기는 기온이 시내보다 2, 3도는 낮아서 한여름에도 이른 아침에 가벼운 운동을 할 수 있어 좋다.

아이들이 어릴 때는 아침에 온 식구가 마당에 나와 풀 냄새를 맡으며 체조도 하고 간단한 운동을 하기도 했다. 또 같이 조깅도 많이 했는데, 아이들이 커가면서 서로 시간 맞추기가 어려워 각자 편한 시간대에 운동을 하게 되었다. 그래도 어쨌든 운동은 우리 가족 모두에게 건강을 지키는 노력에서 최우선적인 것이 되어왔다.

나는 조깅으로 일관해 온 반면 아내는 수영, 볼링 등 다양한 운동을 좋아했다. 그래서 차차 함께 운동할 시간이 줄어들었다. 그래서 함께하게 된 것이 골프다.

우리는 주말에 자주 함께 필드로 나가 골프를 즐기는데, 하면 할

수록 부부가 함께 즐기기에 좋은 운동이라는 생각이 든다. 일단 공기 좋은 곳에서 4시간 이상을 걸어다녀야 하니까, 특히 중년의 나이에 무리 없이 할 수 있는 좋은 운동이다. 또 그 시간 동안에 서로 많은 얘기를 할 수 있어 좋다. 푸른 잔디 위를 함께 걸으며 나누는 대화는 집에서 하는 대화와 다른 맛이 있고 의미도 새롭다.

우리는 아이들에게도 어릴 때부터 운동을 많이 시켰다. 두 딸은 에어로빅으로, 아들은 조깅과 아령으로 건강을 다져왔으며 야구도 아주 잘했다. 아이들이 미국에서 공부하던 때는 방학 동안에 좋은 운동 프로그램이 많은 덕분에, 크게 비용을 들이지 않고 하고 싶은 대로 마음껏 운동을 하게 하면서 키울 수가 있었다. 그렇게 늘 운동을 즐긴 때문인지 지금도 세 아이 모두 건강하게 활동적으로 생활하고 있다.

우리 가족의 건강 비결에서 빼놓을 수 없는 또 하나가 식탁이다. 그렇다고 해서 뭐 특별한 영양식이나 보신식을 챙겨먹는다는 얘기는 아니다. 메뉴는 사실 별스러울 게 없는 평범한 것들이다.

다만 음식 만들기에 늘 정성을 다하고, 음식 솜씨가 좋은 아내 덕분에 가족들이 뭐든지 맛있게 잘 먹는데, 그게 바로 보이지 않게 가

족 건강을 지키는 수호신의 역할을 하는 게 아닌가 싶다. 지금까지도 아내는 아무리 바빠도 요리를 남에게 맡기지 않는다. 그만큼 가족들을 위해 손수 정성스럽게 만든 음식만 한 보약이 없다고 믿기 때문이다.

가정의학계 일로 집에서 손님 대접을 할 때도 많았는데, 유감없이 솜씨를 발휘하면서 척척 손님을 치러내는 아내 덕을 많이 보았다. 한참 손님 대접이 많을 때는 한 달에 거의 열 번 이상 집에 손님이 와서 식사를 하거나 묵고 갔다. 어떤 때는 2, 3백 명이 한 번에 초대되는 경우도 있었는데, 이럴 때도 아내는 별로 당황하지 않았다. 미국식으로 바비큐를 장만하고 가든파티를 하는 식으로 재치를 발휘했다.

또 2, 30명씩 오는 경우는 육개장, 비빔밥 같은 일품요리를 자주 했는데, 나는 아내를 통해 손님 접대라는 것이 밖에서 거창하게 하는 것보다 소박하게라도 집에서 정성껏 하는 편이 훨씬 낫다는 것을 알게 되었다.

평소 우리 집 식단은 앞에서도 말했지만 극히 평범하다. 흔히 고기를 많이 먹으면 건강에 좋지 않다, 야채를 많이 먹어야 한다, 뭐가 몸에 좋다더라, 어떤 음식은 무슨 병을 유발한다더라 등등 음식을 놓고 말도 많지만, 사실 다 소용없는 얘기다. 그래서 우리 식구들은 굳이 따지지 않고 편식하지 않고 골고루 먹는 것을 제일 중요하게 생각한다.

나는 특별히 두부된장찌개를 좋아하는데, 이것도 아주 평범한 음식이다. 이런 평범한 음식들이 늘 우리 집 식탁에 오르는 메뉴들이다. 다만 아내는 식단을 반복되지 않게 짜서 식구들이 입맛을 잃지 않도록 배려한다. 또 육식을 할 때는 채소를 많이 곁들이고, 고기와 생선을 겹치지 않게 한다.

점심은 각자 밖에서 먹는 경우가 많지만 집에서 먹을 때는 계절에 맞는 일품요리가 주 메뉴다. 하지만 아무리 간편하게 먹을 때라도 인스턴트 식품은 먹지 않는다. 콩국수 하나를 하더라도 직접 콩을 맷돌에 갈아서 만든다든지 하는 식으로 손이 조금 가더라도 가족들에게 손수 만든 음식을 주는 것이 아내가 지금까지 나름대로 지켜온 원칙이다.

또 우리 집 식탁에서는 가족 건강을 위해 오래전부터 지켜오고 있는 중요한 식습관이 하나 있다. 모두 개인 접시를 사용하는 것인데, 미국에서 생활할 때 그들의 식문화를 보고 좋다고 느끼면서 그렇게 하게 되었다. 설거지 감이 조금 많은 게 흠이긴 하지만, 이렇게 따로 덜어 먹으면 여러 가지로 위생적이라서 좋다. 또 먹을 만큼만 덜어다 먹으니, 남는 음식이 별로 없어 음식 쓰레기 줄이는 데도 한몫한다.

  우리 식구들은 또 식사시간을 가능한 한 길게 갖는다. 대화를 하면서 즐겁게 식사를 하려면 그렇게 될 수밖에 없다. 또 되도록 식구들이 함께 식사하는 시간을 더 자주 가지려고 노력한다. 식사 후에는 꼭 마당이나 마루로 옮겨 과일을 먹으면서 못다 나눈 대화를 하곤 한다. 이렇게 가족끼리 좋은 이야기를 많이 나누면서 맛있는 것을 함께 먹고, 운동을 통해 체력을 단련하면 굳이 보약을 따로 챙겨 먹을 필요가 없다.

워킹협회1

가정의학을 도입하던 초창기 시절에 나는 가정의학의 필요성을 널리 알리기 위해 전국으로 강의를 다녔다. 그 뒤에 얼굴이 알려진 후로는 일반인을 위한 건강 강연 때문에 지방으로 내려갈 일이 더 많아졌는데, 이래저래 강연을 하다보니 한 해에 강연 횟수가 2백 회가량 되었다. 그렇게 요청하는 대로 다 응하다간 다른 일을 제대로 볼 수 없을 지경이어서 한때는 거절도 많이 했다.

그런데 요즘은 다시 초청강연에 열심히 응하고 있다. 사람들이 나를 '국민의사'라고 한다는 얘기를 듣고 난 후로, 나는 그 이름값을 해야 할 텐데, 별로 한 게 없는데 하는 생각을 많이 했다. 그래서 나를 만나기 원하는 여러 사람들을 생각하면서 바쁘고 수고스럽더라도 열심히 강연장으로 달려갔다.

그렇게 일주일에 3~4번씩 외부 강연을 다니다보니 어지간한 곳은 다 가본 것 같다. 또 얼굴이 좀 알려진 후로는 재미난 일도 종종 생긴다. 식당에 가면 얼굴을 알아보고 밥값을 안 받겠다는 사람도 있고, 택시비를 안 받겠다는 기사도 종종 있다. 하지만 체면 차리느라 돈이 더 드는 경우가 훨씬 많다.

어느 주부는 남편이 팬인데, 얼굴에 비해 이름이 별로라며 이름을

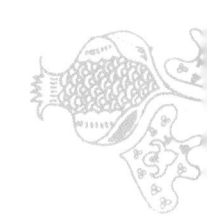

바꾸는 게 어떻겠냐는 재미난 충고를 해주기도 했다.

또 한번은 강연을 요청하는 전화를 받았는데, 대화가 이상하게 흘러 한참을 웃은 적이 있다.

"윤 교수님이시죠?"

"네, 그런데요?"

"저는 어디에 ○○인데요. 강연을 부탁드리려고 합니다."

"그러시죠. 그런데 제목이 뭡니까?"

"요사이 한참 떠드는 개놈에 대해서 강연해 주시면 좋겠습니다."

"개놈이라뇨?"

"거 왜 있잖아요. 오래 산다는 거요. 이제 병도 다 고치고 예방도 된다면서요! 마음대로 오래 살 수 있게 해준다는 개놈 말입니다."

"아, 네! 그건 개놈이 아니고 게놈이라고 합니다."

"개놈이나 게놈이나 마찬가지지요, 뭐."

이렇게 진료실이나 학교 안에서는 느낄 수 없는 재미, 사람 사는 잔잔한 재미를 느끼게 해주는 것이 바로 대중 강연이다.

대중 강연에서 건강을 주제로 한 강연을 많이 하다보니 나의 건강 비결에 대해 궁금해 하는 분들도 꽤 있다. 그런데 그 관심이 좀 엉뚱

한 곳에 있을 때가 많아, 내 마음을 안타깝게 한다.

한번은 어느 모임에 참석해 뷔페 식사를 하게 되었는데, 한 분이 계속 내 뒤를 따라다니는 것이 아닌가. 왜 그러는지 물었더니 늘 열정적으로 활동하고 젊게 사시니, 윤 박사님은 뭘 드시나 궁금해서 그런다는 대답이 돌아왔다. 특별할 것이 없다며 웃고 말았지만 내내 씁쓸한 생각이 들었다.

사실 건강에 있어서 먹는 것보다 더 신경을 써야 할 것이 꾸준한 운동이다. 적당한 운동과 규칙적인 생활이 먼저 이루어지면 몸이 전체적으로 건강한 상태를 유지하게 되어서 먹는 것은 오히려 부차적인 문제가 된다.

나는 규칙적인 생활과 함께 오랫동안 조깅으로 건강을 다져왔는데, 이틀에 한 번씩은 꼭 운동을 한다. 그리고 오래 조깅을 해온 덕분에 10km를 50분에 주파할 만큼 뛰는 데는 어느 정도 자신이 있다. 하지만 나는 운동하기를 한시도 게을리 하지 않는다. 세미나나 학회 일 등으로 해외여행을 갈 때도 제일 먼저 챙기는 게 운동화다.

평창동으로 이사 오기 전에는 동네를 한 바퀴 돌았는데, 요즘은 헬스클럽에 있는 조깅머신을 이용한다. 운동 시간은 대개 퇴근 후로 하지만, 오후 시간을 낼 수 없을 때는 점심시간을 이용해 다녀온다.

이렇게 운동을 열심히 하면 무엇보다 몸과 마음이 늘 활기차다. 대부분의 의사들이 그렇겠지만, 나의 일상생활도 체력이 뒷받침되지 않으면 제대로 하기가 힘들다. 나는 보통 아침 7시 정도에 집을 나가, 하루 종일 바쁘게 지낸다. 그리고 저녁 8시가 조금 넘어서야 집에 들어온다. 그나마 지방 강연이나 행사, 모임 등이 잡히면 늦은 밤에야 집에 들어가거나 아예 못 들어가는 날도 생긴다. 그러니 더더욱 체력 관리가 중요할 수밖에 없는데, 오랫동안 꾸준히 운동을 해온 덕에 지금까지는 아무 문제 없이, 활기차게 내 앞에 주어진 일정들을 잘 소화해 나가고 있다.

규칙적으로 가볍게 운동하는 것이 얼마나 좋은지 몸소 느끼는 입장이기 때문에 나는 만나는 사람들에게 늘 운동부터 권해왔다. 또 어떻게 하면 더 많은 사람들이 운동을 할 수 있는 분위기를 만들 수 있을까 하는 고민을 많이 했다. 그리고 국민의사라는 소리를 듣고 난 후부터는 기회가 닿는 대로 많은 사람들을 위해 봉사할 수 있기를 소원해 왔다. 그런데 운 좋게도 이런 모든 것이 한꺼번에 실현될 수 있는 일이 생겼다. 범국민적으로 걷기 운동을 실천하는 한국워킹협회 일이 바로 그 일이다.

 나는 협회의 회장을 맡아 조직을 갖추는 등 적극적으로 일을 추진해 왔다. 그 결과 현재 한국워킹협회는 매달 첫째 주에 16개 시·도 지부에서 돌아가면서 걷기대회를 하고 있다. 1년에 거의 4, 50번의 걷기행사를 하는 꼴인데, 참여하는 층도 매우 다양하다. 회원 중에는 직장인이나 주부 등 일반인도 많지만, 제법 이름이 알려진 유명인들도 꽤 있다. 디자이너 김창숙, 어윤태 전 LG 스포츠 사장, 연극배우 최종원, SBS 스포츠 해설가 최동철, 황덕호 전 숭의여대 학장, 탤런트 조형기, 도신우 한국모델센터 회장, 홍양자 교수, 신준식 자생한방병원장 등이 회원으로 가입해 열심히 활동하고 있다. 또 이명박 대통령이 초대 고문으로 참여한 바 있고, 김종하 전 대한체육회 회장, 정진태 전 육군대장이 고문으로 활동하고 있다. 그 밖에 학교장, 변호사, 시민운동가, 체육전문가, 의사 등 다양한 직종의 사람들이 참여하고 있다.

 걷기운동은 신체적으로 정신적으로 또 사회적으로 밝고 건강한 사회를 만들기 위해 정말 필요하고도 소중한 운동이다. 걷는 것은 단순히 신체적인 건강만을 되찾아 주는 게 아니다. 빠르고 복잡하게

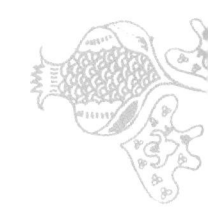

돌아가는 사회 속에서 가족, 친구, 이웃 들과 함께 걷다보면 삶에 여유가 찾아오고, 이웃과 자연을 사랑하는 마음도 회복할 수 있다.

그래서 나는 워킹협회를 시작할 때 나름대로 네 가지 목표를 마음속에 새겨두었다.

"밝은 사회 만들기, 동료애와 가족애 갖기, 자연의 소중함과 보호의 의미 깨닫기, 심적인 여유로 삶을 반성하고 미래의 계획 세우기"가 바로 그것이다. 이를 실현하기 위해 나는 앞으로 협회를 통해 계속해서 걷기행사를 추진하고 자연보호나 불우이웃돕기 등의 사회활동도 함께 펼쳐나갈 계획이다. 또 워킹협회가 있는 세계 20여 개국과 함께하는 국제적인 워킹협회의 모임도 가까운 시일 내에 마련해볼 계획이다.

친구들의 기습 인터뷰

인생에서 친구만큼 좋은 것이 또 있을까. 특히 어렸을 때 만난 친구들은 아무리 나이가 들고 상황이 변해도 서로 흉허물 없이 이해할 수 있고, 순수하게 서로를 좋아할 수 있어서 더욱 좋다. 내게는 서울고등학교 동창회에서 만나는 친구들이 바로 그런 친구들이다.

동창회에 가면 친구들 사이에 제일 젊다고 놀림도 참 많이 받는다. 또 꼭 건강 강의를 해달라며 난리들을 친다. 그러면 나는 요리사가 집에서 요리하는 것 봤냐, 가수가 친한 사람들 앞에서 노래하는 것 봤냐며 그냥 날 좀 내버려달라는 간청 아닌 간청을 하기도 한다.

이렇게 좋은 친구들에게 내가 화젯거리를 제공하고 체면치레를 할 재료가 될 수 있는 것도 좋은 일이다. 내가 방송에 나오면 나이도 잊은 채 식구들에게 엄청 자랑을 하면서 푼수 짓을 하는 친구들이 꽤 있다. 그만큼 순수하니까 만나면 늘 즐겁다.

다이나 시스템 회장으로 있는 조병민과 심인보가 우리 서울고등학교 제13회 동창회보인 〈서울일삼회보〉에 나에 관한 글을 싣겠다며 기습 인터뷰를 한 적이 있다. 제목도 아주 거창하다.

'윤방부, 그는 누구인가.'

그 글이 어찌나 재미있든지 읽어보고는 한참을 웃었다. 친구들의

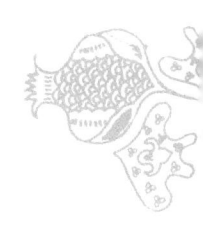

재치가 느껴져 혼자 보기가 아깝기도 하고, 나의 근황이나 생각들이 더러 묻어 있기도 하기에 여기 옮겨보았다.

◆ ◆ ◆

필자는 군과 대학캠퍼스를 같이 사용했고, 몇 년 전에는 심근경색으로 긴급구조 요청을 했던 연이 있지만 그에 대해서 알고 있는 것은 이순재 선배가 부럽지 않은 유명 탤런트요, 한국 가정의학의 선구자라는 정도이다.

이제부터 그가 어째서 자타가 공인하는 의료계에서 가장 성공한 인물인지 탐험해 보자고 사계의 달인 심인보 군과 설문 내용을 추려 교수실을 밀고 들어가니 이번에도 점심부터 하잔다. 〈일삼회보〉의 '요즘 어찌 지내시는가'는 필자를 무전취식하라고 만들어놓은 칼럼인 모양이다.

조병민 인터뷰 기사 첫머리를 가족 근황으로 시작해서 멋대가리 없다 생각되겠지만 지난 호에 언급한 대로 〈일삼회보〉가 미혼 자제 중신 회보 역할도 해보자는 취지라서….

윤방부 집사람은 색채 치료학 교수로 재직 중인데 건강 상태는 내가 돌팔이 소리 안 듣게 해주어 고맙고, 첫째 딸은 경영학 박사로 외국 기업에 근무하고 있고, 둘째 딸은 사위(내과의사) 따라서 재미동포, 막내 겸 장남이 연대 지구시스템 공학 전공하고 현재 미국에 있는 워싱턴 주립대학교에서 경영학석사(MBA) 과정을 밟고 있는데 73년생으로 미혼이야. (이 대목에서 환갑 노인 독사진보다는 총각 아들이 미남으로 찍힌 가족사진을 게재하자고 하니 싫지 않은 표정이다.)

조병민 '대장간 집에 식칼이 없다'는 말이 있는데 본인의 건강은 그리고 취미생활은?

윤방부 다 좋은데 혈압이 약간. 그러나 식칼이 없는 것이 아니라 날이 좀 무딘 정도. 취미는 골프, 조깅, 걷기인데, 주 4회 10km 달리기, 2회 걷기. 술은 체질상 못하고.

심인보 우리 동기들에게 술과 담배에 대한 경고도 곁들여줬으면 좋겠는데.

윤방부 술은 매일 2잔(와인 240CC, 위스키 60CC) 이내면 건강에 도움이 되는데, 그 이상은 마취제야. 담배는 1년에 1갑 이내라고 하면 내가 부드러운 남자가 되는 거 아닌가. (여기서 필자가 유명 의사 중에서도 줄담

배, 술고래가 있더라고 딴지를 걸었더니 담배만큼은 직분상 윤리의 문제라며 단호하다.)

심인보 지금까지 걸어온 자취를 보면 이제부터 무언가 작심한 계획이 만만치 않을 것 같은데.

윤방부 2008년 정년을 맞게 되면 첫째 재단을 설립하려고 하는데, 개인 퇴직금과 찬조금 등으로 재단을 만들어 연구비, 장학금 등을 지급하고, 기타 교수 생활 동안의 각종 기록, 저서 등을 모아서 후학들이나 친구들과 학문적 어울림을 가질 것이고, 둘째 그간 소원했던 여러 분야에서 교분을 갖던 친구들을 소중히 챙겨볼 생각. 셋째 컴퓨터나 일본어 공부를 신입생 기분으로 해볼 것이야.

조병민 최근에 정성 들여 설립한 워킹협회의 요점만 소개한다면?

윤방부 한국워킹협회는 2001년 10월에 발기하여 2002년 6월 22일 사단법인 한국워킹협회로 보건복지부 정식인가를 받았고, 16개 시·도 지부가 결성되어 회원 수는 현재 3만 명으로 그 끝은 창대하리라고 기대. 정기 행사로는 매월 첫째 일요일에 국민걷기대회를 16개 시·도 지부에서 일제히 실시해 무언가 확실히 보여줄 것이야. 그 외에 전국적으로 1년에 6회 각종 특별 걷기 대회가 있고, 참고로 1년 예산은 1억 원

정도.

심인보 사회적으로 큰 캠페인 조직의 회장 하면 명예, 돈 두 가지가 연상이 되는데 회장을 맡게 된 사연은?

윤방부 매년 200회 정도 외부 강연을 해왔는데 매스컴에서 "국민의사"라고들 소개를 해. 그래서인지 몰라도 국민 건강생활을 좋은 방향으로 유도해야겠다는 사명감이 누적되더라고. 그래서 누구나 쉽게 돈 안 들이고 하는 걷기에 귀착했지. 걸으면서 쓰레기 줍기도 하고, 여유도 갖고. 이렇게 해서 마음 맞는 몇 사람과 워킹 운동을 펼치다가 보건복지부에 법인 등록하고 나니 회장 감투를 쓰게 된 것. 그러니 명예는 해당이 없는데 돈 문제는 좀 걱정. 헌데 내가 훈장이라고 다들 별로 큰 기대를 안 하는 것 같아. 덕분에 그리 많지 않은 돈 쓰고도 십시일반으로 잘 되고 있지.

조병민 워킹협회에는 미안한 얘기지만 혼자서 독학하는 동기들을 위해 권하고 싶은 걷기 방식을 이 기회에 커닝하고 싶은데?

윤방부

- 가장 여유 있는 시간에 걸을 것.
- 시속 6.5km 이상으로 1시간 이상 걸을 것(약 390 칼로리 소모).

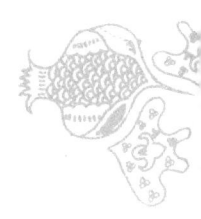

- 가장 좋은 신발(워킹화, 발뒤꿈치에 N자 붙어 있는 것)을 신을 것.
- 어깨를 펴고 눈은 정면보다 약간 위를 향하고 발은 일자로, 발뒤꿈치가 먼저 땅에 닿도록 걷기.
- 매일 걸을 것, 맨발은 금물.

조병민 언젠가 집사람과 TV를 보다가 윤 교수가 베스트 드레서로 선정되었다는 기사를 접하고 그 농담이 진담인지를 놓고 입씨름을 한 적이 있는데 종래는 나를 촌티 나는 인물로 만든 그 사건은 어찌된 불상사였는지?

윤방부 2000년 언론사 기자단 선정 분야별 베스트 드레서에 사회 부문은 본인이, 정치 부문은 이인제, 예술 부문 엄정행, 연예 부문 송대관이었는데, 나 역시 아직까지 얼떨떨. 추측건대 당시 매스컴에서 탤런트급 인기, 30대 주부가 가장 좋아하는 인물 따위의 황당한 평이 영향을 준 것 아닐까.

심인보 유명세를 치르는 대가에는 반드시 정치권의 손짓이 따르게 마련인데 곁들여서 본인의 정치에 대한 관심까지도 솔직하게 털어놓아 본다면.

윤방부 정치권에서는 선거운동을 따로 할 필요가 없는 유명인사의 영입이 가장 확실한 보증수표니까, 나도 그 대상에 들어가는 모양이야. 지금까지의 생활이 1인 2~3역을 소화하느라고 남을 돕는 일에는 등한했다는 아쉬움이 있는데 특히 보건복지 분야에서 못 다한 것을 이루고 싶은 심정은 있네. (이 대목에서는 재벌 대선 후보처럼 어물쩍 넘어가자고 채근을 해댄다.)

심인보 동기회 참여 성적이 좋지 않은데.

윤방부 남부지부 최진우 회장의 전화를 많이 받았지. 내가 소화하는 일정을 알면 면죄부가 될 것도 같은데. 내게도 자유롭게 쓸 수 있는 시간이 허용되는 때가 올 것이고 그때가 되면 동기회에 시간을 헌납하면 되지 않을까.

조병민 끝으로 가훈이나 좌우명을 소개하고 싶은데.

윤방부 가훈은 액자에 걸어야 되는 것은 아닐 테고, "최선을 다하자"를 가훈으로 하고 있지. "어려운 일을 쉽게 받아들이자"는 오래된 좌우명.

지금까지 숨 가쁘고, 치열하게 살아온 삶에 비추어 보면 이제 그가 못 다한 것 또는 질 높은 무엇인가를 이루려 할 것이 틀림없다.

그 의지가 그의 꿈과 뜻을 같이하는 사회단체와 호흡을 맞추든,

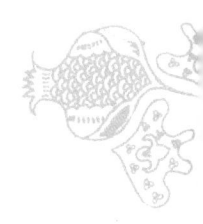

 정치와 팀워크를 이루든 간에 퇴근 후 연 2백여 회의 강연을 소화해 낸 정열은 반드시 그의 뜻을 성취하는 에너지로 승화할 것이다.
 국민의사인 그가 보건복지 분야에서 바친 국민 사랑이 결실을 맺기를 바라면서 그의 연구실을 하직하였다.

공천 반납

제16대 국회의원 선거가 있었던 2000년 2월 한 일간지 머릿면에 "○○당 TV스타 윤방부 교수 등 깜짝 공천"이라는 기사가 실렸다. 국회의원 선거 때만 되면 소위 언론에 이름깨나 알려진 유명 인사들의 이름이 이곳저곳에서 거명되며 각종 하마평들이 넘쳐난다. "TV 스타"라고 언급된 나도 그 말잔치에 오르내리고 있었다. 그러나 공천을 받아 정치 일선에 뛰어들면 학교를 떠나 있어야 하니 여러 가지 생각이 많았다. 아예 교수직을 버리고 정치인으로 새로 출발해 볼까 하는 생각도 가져봤다. 그러던 중 서울의 노원갑구에 ○○당 공천을 받게 된 것이다.

그날 밤은 거의 뜬눈으로 밤을 새웠다. 그 다음날 학교에 출근해 환자를 진료하면서 접한 반응은 무척이나 긍정적인 것이었다. 동창, 제자 들 대부분은 꼭 장관을 해야 할 분이라고 생각하고 있었는데 이 참에 국회의원부터 하시고 행정부에서 장관을 하면 좋겠다고 했다. 교수식당에 들어가니 동료들은 박수를 치면서 제발 잘해서 우리 의료인들을 도와달라고 하며, 언제 출마하나 하고 늘 생각해 왔는데 드디어 정계에 나간다니 기쁘다고 했다.

부정적인 반응도 있었다. 직접 가르치는 전공의들은 꼭 정치를 하

서야겠느냐, 자기들은 어떻게 하느냐고 만류했다. 특히 가족들은 뭐가 부족해서 정치를 하려고 하느냐며 극구 반대했다. 뭐 하러 그 구정물에 손을 담그려고 하느냐는 사람이 있는가 하면 내가 정치판에 들어가 조금이라도 정화를 시켜야 한다는 친구도 있었다.

이런 다양한 반응 속에서 나는 이왕 공천을 받았으니 굳게 결심하고 노원갑구 지역에 나가 당원대표들을 만나보았다. 하지만 막상 현장에 뛰어드니 이게 아니다 싶었다. 흔히 우리 사회에서 회자되는 현실 정치의 고질적 문제들에 대한 충분한 면역과 이해가 부족함을 절감했던 것이다.

결국 고민을 거듭하다가 2000년 2월 24일 공천을 반납하였다. 그에 대한 반응은 감당하기 벅찰 정도로 거셌다. 어떤 언론매체는 나를 이용하여 정치판을 비판했고, 또 다른 매체에서는 나를 반 영웅시하기도 했다. 인터뷰 요청이 쇄도했는데, MBC와의 단독 인터뷰는 밤 뉴스의 머릿기사를 장식했다.

지금 생각하면 잘한 것 같기도 하지만 아쉬움도 있다. 지금도 정치 다시 할 것이냐는 질문을 받는다. 글쎄, 사람이 하는 일을 어떻게 알겠는가.

방송에 임하는 나의 자세

　의사라는 직업을 가진 사람으로 나의 방송 경력은 제법 화려한 편이다. 1980년대에는 아침 뉴스 시간에 '윤방부의 생활건강'이라는 코너를 진행하면서 큰 호응을 얻었다. 그리고 지금까지 의학 정보와 관련한 방송 출연은 일일이 다 셀 수가 없다. 또 KBS《아침마당》이나 YTN의 《피플 인 뉴스》같은 토크 프로그램의 진행자로 출연하는 특이한 경험도 해보았다.

　그래서 나를 의사 탤런트쯤으로 생각하는 이도 없지 않은데, 그렇다고 해서 내가 아무 생각 없이 방송 출연을 하는 건 아니다. 방송 출연에 대해 나는 몇 가지 원칙을 세우고 지금까지 그런대로 잘 지켜왔다.

　첫째는 건강과 의료 분야라면 나간다, 둘째는 오락이나 쇼 프로그램은 절대 안 나간다, 셋째는 가족이나 동료들이 봤을 때 씁쓸할 것 같은 말이나 몸짓은 하지 않는다는 것이 바로 방송 출연에 대한 나의 원칙이다.

　'매화는 일생 동안 추위 속에 살아도 향기를 팔지 않는다〔梅花一生寒 不賣香〕'는 말이 있다. 좀 거창한 것 같지만, 사람이 어느 정도 유명세를 타더라도 반드시 지켜야 할 품위라는 게 있다. 내가 나름대

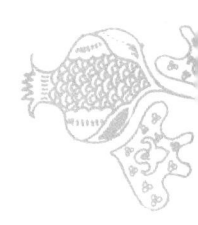

로 방송 출연이나 광고에 대해 어떤 원칙을 세워두고 지키는 것도 바로 그 때문이다.

그런데 살다보면 어쩔 수 없이 그런 원칙이 깨지는 경우도 있다. 몇 년 전에 나는 언론사 기자들이 뽑은 사회부문 '베스트 드레서'에 선정된 적이 있다. 일반적인 나의 원칙에 의한다면 그리 반가운 일이 아니지만, 나는 시상식에 참석해 유쾌한 시간을 보냈다.

이런 일을 통해 국민들이 의사를 좀더 친숙하게 느꼈으면 하는 작은 바람도 있었고, 베스트 드레서가 단순히 옷을 잘 입는 사람을 뽑는 게 아니라 여러 가지 면에서 모델이 될 수 있는 사람에게 주는 상이라는 주최 측의 설명이 있었기 때문이다.

방송을 타는 일이 많아지면서 광고 모델이 되어달라는 요청도 많았다. 커피 광고, 자동차 광고, 양복 광고 등 이미지 손상을 걱정할 필요가 없는 광고도 많았고, 광고 모델료의 액수가 제법 되어 솔깃한 적도 없지 않았다.

하지만 이런 상업 광고에 대한 출연 제의를 나는 매번 거절해 왔다. 나만이라도 대학교수로서의 품위를 지키는 모습을 보여주겠다는 생각이 많았기 때문이다. 하지만 솔직한 마음으로 광고 출연 여부를 두고 때로는 마음이 흔들렸다. 장학금으로 지급한다고 자막을 집어넣고 응할까 하는 얄팍한 생각도 해보았다. 그러다가 또 결론은 '아니지, 나만이라도…그리고 어차피 액수가 많으면 세금도 많을 테니까' 하면서 스스로를 추스르곤 했다.

한 친구는 미국의 여성 부통령 후보였던 페라라 여사도 코카콜라 광고의 모델을 했는데 뭐가 문제가 되느냐는 진보적인 의견을 내놓기도 했다. 또 연예인들은 서로 광고 모델을 하려고 하는데 뭐가 대수라고 그러냐는 핀잔도 받아보았다. 하지만 그런대로 지켜왔던 나의 자존심과 명예 그리고 유명 대학의 교수라는 입장을 생각하면 광고 모델이라는 것이 왠지 나 자신을 발가벗기는 것 같아서 도무지 용기가 나지 않았다. 지금 생각하면 이런 나의 고루함 때문에 제법 많은 거금을 손해 본 셈이다.

그래도 그럭저럭 공익광고에는 서너 번 출연한 적이 있고, 최근에는 한 회사의 건강제품 광고에 처음으로 출연했다. 나의 평소 신념을 잘 아는 사람들은 의외라는 반응을 많이 보였는데, 내가 이렇게 광고 출연을 하게 된 데는 사연이 있다.

전에 나는 YTN의 《윤방부의 피플 인 뉴스》라는 방송프로그램을

진행했다. 매주 한 사람씩 1년 반 동안에 70여 명과 만나서 진솔한 이야기들을 나누었는데 이 프로그램은 여러 가지로 내게 많은 것을 느끼게 해주었다.

그중에는 우리 사회의 구석진 곳에서 어려운 사람들을 위해 봉사하는 분들이 많았는데, 이런 분들을 만날 때마다 내가 할 수 있는 한 최선을 다해 나도 어려운 사람들을 돕고 살아야겠다는 생각을 많이 했다.

그래서 광고 출연 제의를 받고 수락한 것이다. 광고 모델료로 들어오는 적지 않은 돈을 우리 사회에서 도움이 꼭 필요한 사람들을 위해 쓰고 싶다는 생각이 강했기 때문이다. 광고 모델료로 1억 원을 받았는데, 모두 불우이웃돕기에 성금으로 기탁했다. 광고를 찍기 전에 이미 그렇게 마음을 먹어서인지 밤새 광고를 찍느라 고단했지만, 기분은 정말 좋았다.

나의 원칙을 깬 또 한 번의 일이 있었는데, 그 일도 이번처럼 두고두고 정말 잘했다는 생각이 든다.

한번은 방송국에서 전화가 왔다.

"교수님은 오락프로그램에 나오지 않으신다는 것 잘 알고 있습니다. 그런데 이 프로그램은 꼭 나와주셨으면 합니다."

　도대체 무슨 프로그램인지 내용을 팩스로 달라고 했더니, 시청자들에게 주변에 불우한 이웃의 현실을 알리고 관심을 갖도록 하는 《사랑의 리퀘스트》라는 프로그램이었다.

　이런 프로그램이라면 출연하는 것이 옳다는 생각이 들었다. 방송국에 도착해 보니 신경모세포종을 앓으며 투병하는 어린이, 85도의 화상을 입은 사춘기 소녀, 오랫동안 류머티스성 관절염을 앓아 후유증으로 고생하는 30대 여자가 기다리고 있었다. 이들을 바라보는 것도 마음이 아팠지만, 모두 가난하고 가족들마저 심한 병마로 고생하는 처지여서 더욱더 안타까웠다. 그러나 그들은 따뜻하고 순수했다. 자기보다 가족들의 고통을 더 안타까워하는 등 그야말로 눈물 없이는 볼 수 없는 광경들이 눈앞에 펼쳐졌다.

　결국 진행자들도 때로 눈물을 흘리고, 나도 나이에 걸맞지 않게 눈물을 참을 수가 없었다. 50분 정도 방송을 하는 동안 내가 이렇게 몰입해서 방송을 한 적이 또 있었던가 하는 생각이 들었다.

　"겨자씨 같은 풋풋한 사랑을 보내주십시오. 여러분의 작은 사랑이 큰사랑의 강을 이루고, 인간의 불행과 역경에 태산보다 더 큰 희

망과 용기를 줄 것입니다."

TV 생방송이 끝난 후에 나는 우리 사회에 얼마나 도움이 필요한 사람이 많은가 다시 한번 생각하게 되었다. 그리고 그날 이발소에 들렀는데, 이발소 주인의 말이 내게 더 많은 생각을 하게 했다.

"TV에 나오신 것 봤습니다. 정말 잘하셨어요. 그런 프로그램을 볼 때마다 저는 ARS전화를 서너 번씩 돌립니다. 그런데 정작 부자들은 그런 프로그램이 있는 줄도 몰라요. 이웃돕기에는 가진 사람들이 더 야박한 것 같아요."

나는 그 말을 듣고 갑자기 부끄러운 생각이 들었다. 내가 대단한 부자는 아니지만, 나는 우리 사회로부터 정신적으로나 물질적으로나 충분히 받으며 살아가는 사람이 아닌가. 그런데 나는 얼마나 베풀고 살았을까. 다시 한번 스스로를 돌아보았다.

낡은 무명 사리 두 벌과 샌들 한 켤레만 남기고 세상을 떠난 빈자의 수녀 테레사는 '가진 것이 많을수록 줄 수 있는 것은 적습니다'라고 했다. 그 말처럼 누군가를 돕는 일은 인간에 대한 사랑으로 충분한 것이지 가진 것의 양과는 전혀 상관이 없다. 그러니 각자가 자신의 자리에서 할 수 있는 아주 작은 사랑의 실천을 하면 되는 것이다.

MC를 중단한 사연

　1980년대 초반 TV 방송국으로는 KBS와 MBC만 있을 당시, KBS는 아침뉴스 시간에 국민들에게 건강에 관한 지식을 전달하는 프로그램을 만들기로 하고 나를 섭외해 왔다. 여러 명에게 물어본 결과 "오디오와 비주얼이 좋은" 내가 맡으면 괜찮을 거라는 추천을 받았고 설명했다. TV에 출연하는 것만도 굉장히 힘이 드는데 프로그램을 맡으라니 처음에는 자신이 없어서 사양했다.

　하지만 부탁을 물릴 기미가 보이지 않아 소위 KBS 아침뉴스 시간대에 국내에서는 최초로 방송됐던 생활건강 프로그램《윤방부의 생활건강》을 맡게 되었다. 이 프로그램은 상당히 인기를 끌어 시청률이 33%까지 간 적도 있을 정도였다. 그 후 TV의 건강프로그램에는 거의 독점하여 출연하였고 점점 더 인기와 지명도가 오르다보니 건강 이외의 거의 모든 교양프로그램에 얼굴을 내밀게 되었다. 당시 어느 탤런트, 아나운서, 방송인보다 출연 횟수가 많았던 것 같다.

　때문에 진행자 섭외도 쇄도했지만, 가능한 전문 영역만을 고수하겠다는 생각으로 계속 사양하였다. 그러다가 KBS에《아침마당》이란 프로그램이 신설되었다. 일본의 NHK가 주부를 위한 대학이 되어 큰 업적을 남긴 것처럼 KBS도 주로 주부들에게 대학과 같은 교양

을 제공하고자 만든 프로그램이었다. 처음에는 지금은 정치권으로 옮겨간 L씨가 진행을 맡았는데 SBS가 개국하면서 그곳으로 옮겨가자 나에게 그 진행을 맡아달라는 요청이 들어왔다. 당시만 해도 대학 특히 내가 속한 의과대학은 상당히 보수적이어서 극구 사양하였으나 요청이 간곡하고 일종의 호기심도 있어서 《아침마당》의 진행을 수락했다.

정은아 아나운서가 나를 도와 함께했다. 주말에는 부드럽게 풀어주는 방향이라 연예인이 출연하는 등 오락성이 아주 강해서 그것은 못하겠다고 하니, 임성훈 씨가 주말은 맡기로 했다. 나로서는 오직 교양 프로그램만을 진행하기 위해 꽤 여러 가지 장치를 했던 셈이다.

진행자로서 배우는 것도 많았는데, 특히 프로그램 하나 만드는 데 2, 30명에 이르는 연출가, 작가, 스태프들이 얼마나 애쓰고 고생하는지 알게 되었다.

프로그램이 점점 인기를 더해가고 틀이 잡혀가는데 당시 병원장인 노 교수께서 만나자고 연락을 해오셨다. 말씀인즉, 전문가로서 건강·의학 프로그램에 출연하는 것을 100% 찬성하지는 않으나 이해는 하는 편이지만,《아침마당》같은 프로그램의 진행을 하는 것은 훌륭한 학자로서, 교수로서 생각해 볼 문제가 아니냐 하시면서 스스로 정리해 줬으면 좋겠다는 것이었다.

그 후로 여러 은사, 선배, 노 교수들이 진행 일을 그만둘 것을 은근히 권하고 요청하였다. 나중에는 오기가 생겨 《아침마당》이 얼마나 좋은 교양 프로그램인지, 얼마나 국민들에게 유익한지 아느냐며 항거도 하고 설득도 하였으나 명문 의과대학의 교수로서는 걸맞지 않는다는 압력 아닌 압력은 계속되었다. 왜 꼭 당신이 해야 하느냐, 최고 명문 의대의 권위와 명예 운운하는 데는 결국 손들고 말았다. 할 수 없이 KBS에 용서를 구하고 또 구해서 진행자의 일을 그만두었다.

마지막 방송에서 "최고라고 자부하는 지성인 집단에서 아직도 이런 방송프로그램의 진행자인 나와 같은 교수가 받아들여지고 이해되지 않은 현실이 안타깝다"라고 한 것이 기억난다.

내가 성공한 이유

"윤 박사! 오늘 당신이 이만큼 성공한 건 사실 아내 덕이야!"
우리 부부를 잘 아는 친구나 친지들이 종종 하는 얘기다.
나는 이런 얘기를 들을 때마다 늘 전적으로 동의를 표시한다. 사실 아내는 여러 가지 면에서 능력 있고 훌륭한 여성이다. 어찌 보면 나보다 나은 점이 더 많은 사람이다. 그런데 나 때문에 크게 절제하고 살았다.
아내는 대학 때 이미 국전에 입선한 경력이 있는 재원이었다. 결혼 전과 신혼 시절에는 대기업 디자인실과 신문사 광고국에서 실력을 인정받던 디자이너였다. 학구열도 높아서 자신의 전공인 생활미술을 더 공부하고 싶어했고, 능히 해낼 수 있는 사람이었다.
그런데 나와 결혼한 후로 그 재능과 꿈을 다 접어둔 채 아내로서 어머니로서, 또 며느리로서 자신의 역할에 아주 충실하게 살아왔다. 그러면서 가난한 의학도가 좀 괜찮은 의사가 될 때까지 지원과 내조를 아끼지 않았다.
그러니 우리의 지난 결혼 생활을 돌아보면 아내는 별 이득이 없을 때가 더 많았고, 나는 손해 본 게 거의 없었다고 해도 과언이 아니다. 그렇다고 아내로 인해 고민하거나 고통을 받은 적이 있었냐 하면 그런 일은 한번도 없었다. 사람들의 평가대로 나는 좋은 아내를 둔 복 많은 사람이고, 나의 성공은 아내가 있었기 때문에 가능한 것이었다.

아내 자랑, 자식 자랑은 바보들이나 하는 짓이라고들 하지만, 그렇지가 않다. 세상에서 제일 가까운 사람인 아내와 자식을 늘 자랑할 수 있는 사람이라면 그는 정말 행복한 사람이다. 그리고 나의 아내는 정말 자랑할 게 많은 사람이다.

아내의 제일 좋은 점은 언제나 넉넉하고 부드러운 자세로 타인을 배려하는 아름다운 마음을 가지고 있다는 것이다. 이런 아내의 모습은 외적으로 볼 때는 때로 유순하게 순종하는 사람으로 비칠 수 있지만, 사실 그 속에는 통이 크고 멀리 내다볼 줄 아는 안목이 숨어 있다.

이런 아내의 성격 때문에 우리 집안에는 그 흔한 고부갈등이 존재하지 않았다. 평생을 고생하며 사신 어머니가 늘 안쓰러웠던 나는 결혼 후에 곧바로 부모님을 모시고 살았다.

출발할 때도 거의 빈손이나 다름없었고, 의사로서 자리를 잡지도 못한 형편에 부모님을 모시고 산다는 것이 큰 부담이 되었을 것인데, 아내는 흔쾌히 내 뜻을 따라주었다.

20여 년 전 아버지가 먼저 돌아가시기 전까지 두 분이 그렇게 오

순도순 정답게 늙어가셔서 아들로서 참 마음이 좋았는데, 지금 생각해 보면 보이지 않는 아내의 노력 덕이 컸던 것 같다.

아내는 나와 공통점도 많지만 다른 점도 많다. 먼저 식구들부터 생각하고 다른 사람을 배려하는 따뜻한 마음은 내가 흉내 내기가 좀 어렵다. 또 아내는 어떤 일을 시작하거나 추진하거나 또 어려움을 당할 때 항상 차분하다. 때로는 불도저처럼 밀어붙이는 내 성미에 조금씩 제동을 걸어주고, 앞뒤를 가려서 좀더 현명하게 행동하도록 해준다. 그 모든 노력을 눈에 보이지 않게 하면서 스스로 깨닫게 해주는 게 아내의 장점이다.

한번은 아내에게 자신의 꿈이나 재능을 접고 나와 아이들, 부모님을 먼저 생각하고 살아온 세월이 아깝지 않느냐고 물은 적이 있다.

"당신이 너무 열심히 하니까 나도 그걸 돕고 싶어서 한 것뿐인데요, 뭘. 나 자신만 주장하면 당신이 꿈을 이룰 수 없잖아요. 나보다 나은 꿈을 이루려는데 내가 먼저 도와야지요. 저는 오히려 당신이 그렇게 바쁜 중에도 가정을 소중하게 생각해 줘서 고마운 걸요."

아내는 이렇게 겸손하게 말을 해, 또 한번 내가 참 행복한 사람이라는 걸 느끼게 해주었다.

그렇다고 아내는 그저 조용하게 순종만 하는 수동적인 여성은 아니다. 차분하지만 사회적인 면도 뛰어나고 대인 관계도 아주 좋다. 학구열도 높아 한창 아이를 키우고 살림을 할 때도 늘 손에서 책을 놓지 않았다. 그런 모습이 아이들에게는 그대로 산 교육이 되었던 것 같다.

또 자기관리가 철저한 편이어서 틈틈이 그림을 그리고, 대외 활동도 하고, 컴퓨터를 배워 지금은 거의 도사 급이다. 내가 제일 존경하는 면은 항상 열심히 운동을 해 뚱뚱했던 적이 없다는 것이다. 물론 어쩔 수 없는 이유로 뚱뚱해지는 사람도 있지만, 결혼한 여성들 대부분은 결혼 후에 너무 긴장을 풀고 편한 생활을 하거나 현실적으로 주어진 제약에만 얽매여 자기관리에 소홀한 사이에 금방 살이 찌는 경우가 많다. 그런데 아내는 늘 활기차게 움직이고 부지런히 운동을 하면서 자기관리를 해서 그런지 한번도 살이 찐 적이 없다.

아내는 내가 걸어온 길을 제일 잘 알고 나를 잘 이해하는 사람이다. 그런 면에서 보면 아내이기 전에 친구이고 동지 같은 사람이다.

미국 유학을 다녀와서 우리나라에서 처음으로 가정의학을 스물세 번째 전문과목으로 만들고, 자타가 공인하는(?) 일류 의사가 된 어느

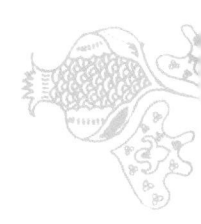

날이었다. 지금부터 약 10년 전 쯤의 일이다.

나는 아내에게 내가 성공한 것처럼 보이냐고 물었다. 그러자 아내는 이렇게 대답했다.

"그동안 당신은 초인적으로 노력했어요. 당연히 이만 한 명예와 부를 누릴 충분한 자격이 있어요. 그렇지만 나는 젊은 시절 연희동 빈민촌에서 일할 때의 의욕이 넘치는 당신 모습이 제일 멋있었던 것 같아요."

그리고 며칠 후에 아내는 내게 책을 한 권 건네며 한번 읽어보라고 했다. 크로닌이 쓴 『성채』라는 책이었다. 주인공인 젊은 의사 멘슨은 삼류 의사로 탄광에서 부와 명예를 한손에 거머쥔다. 그는 그토록 자신이 경멸하고 비난하던 속물로 전락하면서 세속적으로 성공한 자의 모습을 얻게 된 것이다. 하지만 결국 멘슨은 부인 크리스틴의 사랑과 죽음 그리고 환자의 죽음을 통해서 본래의 자기 모습으로 돌아오게 된다.

나는 이 책을 읽으면서 내게 있어서 의사란 직업의 의미가 무엇일까, 의사로서 진정한 성공의 모습은 무엇인가를 새롭게 고민하는 좋은 기회를 가질 수 있었다.

누구나 어렵고 힘든 시기에는 그래도 스스로 낮추어 자신을 돌아볼 수 있다. 하지만 소위 말해 잘나갈 때, 인생에서 상승 곡선을 그릴 때, 모든 것이 마음먹은 대로 이루어질 때는 마음이 느슨해져 중요하고 본질적인 것을 잃어버리기 쉽다.

또 외부의 찬사에 눈이 어두워져 현명하지 못한 행동을 할 때도 있고, 자만심에 빠져 더 나아갈 길이 있다는 걸 깨닫지 못하기도 하는 게 사람의 마음이다. 그러니 좋을 때일수록 더 자신을 낮추어 스스로를 돌아보는 지혜로움이 필요한데, 아내는 긴말 없이 내게 그것이 필요한 시기임을 알게 해준 것이다.

다시 한번 아내에게 감사하다는 말을 하고.싶다.

아내의 박사학위

애들이 제 앞가림할 나이가 되자 아내는 다시 공부를 시작했다. 뒤늦게 시작한 공부지만 얼마나 착실하게 했는지, 짧은 시간 내에 미술 분야에서도 새로운 영역에서 자리를 잡아가고 있다. 임상이나 사회복지에 미술을 적용하는 것이나 미술치료 등이 아내가 개척하고 있는 분야인데, 해박한 지식을 가지고 젊은이들 못지않은 개척 정신을 발휘하고 있다. 지금은 2, 3개 대학에서 색체심리학 미술치료를 가르치고 있다. 2003년에는 박사과정에 응시해 5대 1의 경쟁률을 뚫고 합격했다. 이 '노익장'은 우리 가족들을 놀라게 하고 기쁘게 했다.

그 후로 대학교수인 내가 냉철하게 평가하기에도 정말 열심히 공부하였다. 통계학은 아내에게 가장 힘들고 벅찬 과목이었지만 개인교사까지 두면서 열심히 노력한 결과 비교적 우수한 성적으로 통과했다. 슬쩍 성적표를 보니 A가 수두룩하여 새삼 놀랐다. 졸업을 위해 열심히 썼던 부부의 황혼이혼에 대한 논문은 1차 심사에서 통과되지 않았는데, 옆에서 지켜보던 나로서는 '저렇게 열심히 했는데 통과가 안 되다니'라는 생각이 절로 들었다. 결국 더 열심히 하여 논문은 심사를 통과했고, 2006년 9월에 사회복지학 박사학위를 취득

하였다.

  쉽게 할 수도 있었을지 모르는 박사학위 공부를 30대의 젊은이들과 경쟁하여 말 그대로 최선을 다해서 노력하고 또 노력하는 아내의 모습에서 큰 감명을 받았다. 아내의 박사학위에 경의를 표한다.

아들과 딸들

'자식은 부모의 거울이다'라는 말이 있다. 자식을 보면 그 부모를 알 수 있다는 뜻이니 부모 입장에서는 참 무서운 말이다. 내게도 세 명의 자식이 있는데, 그들의 모습 속에 비춰진 나는 어떤 모습일까 곰곰이 돌아보게 된다.

자녀교육에 대한 어느 칼럼을 보니, 일본 사람들은 자녀를 부모의 소유물로 생각하고 유태인은 자신들에게 맡겨진 생명이라고 여긴단다. 그래서 유태인들은 부모가 자녀를 사회에 쓸모 있는 어른으로 키울 책임이 있다고 믿는다. 일본에서 자녀의 성공은 부모에게만 큰 기쁨이며 즐거움이지만, 유태인 사회에서 자녀의 성공은 사회 전체의 기쁨이다. 내 자식만 귀하다는 생각이 만연한 우리 사회에서도 한번쯤 새겨볼 말이 아닐까 싶다.

교육은 정말 중요하다. 그야말로 백년을 내다보고 할 만큼 긴 안목으로 해야 한다. 그러니 교육은 학교뿐 아니라 부모, 더 나아가 사회 전체의 관심사가 될 수밖에 없다.

특히 우리나라는 교육열이 아주 높은 나라로 정평이 나 있다. 1년에 드는 교육비가 경부고속도로의 절반은 놓을 수 있는 금액이라고 하니, 그것만 보아도 사회 전체가 교육에 쏟는 열정이 얼마나 뜨거운지 잘 알 수 있다.

하지만 열정만 갖고 성공할 수 있는 게 교육이 아니다. 바른 가치관과 긴 안목, 때로는 인내와 모험이 필요한 것이 바로 교육이 아닌가 하는 생각이 든다.

우리 사회는 오랫동안 일류라는 것에 너무 집착했던 것 같다. 예를 들어 미국에서는 하버드, 스탠포드, UCLA 등 자기만의 개성을 지닌 학교들을 모두 인정해 준다. 그런데 우리는 그 모든 것을 한 줄로 세운 다음, 등위를 나눈다. 서로의 차이를 인정하지 않는 것이다.

이런 것들이 곧 아이들 각자의 창의성을 길러주고 개성을 존중하는 교육이 아닌 획일적인 교육을 하는 원인이 된다. 또 우리나라에는 고등학교 때까지 다른 아무것도 신경을 쓰지 못하도록 하다가 대학 입학 후에는 제대로 공부하지 않아도 졸업할 수 있는 분위기가 만연하다.

나는 우리 아이들이 적성에 맞는 것을 충분히 즐기면서 제대로 공부할 수 있기를 바랐다. 그래서 일찍부터 아이들을 유학 보내고 졸업하기 어려운 곳에서 대학을 마치게 했다.

또 아이들을 키울 때도 일부러 내놓고 키웠다. 부모가 아이들의

바람막이 노릇을 하면 결국 아이는 우물 안 개구리밖에 되지 않는다고 생각했기 때문이다. 그래서 가능하면 많은 것을 경험하고 드넓은 세계를 접할 수 있도록 했다. 그리고 다른 건 몰라도 외국어 교육만은 신경을 썼다.

다른 나라의 말을 알면, 그만큼 경험하고 이해할 수 있는 세상이 더 넓어지기 때문이다. 어학은 모든 학문의 기본이다. 어학이 되면 다양하게 책을 접할 수 있고 지식도 풍부해지는 지름길을 찾을 수가 있다. 외국어 정복은 전공 공부에도 유리하기 때문에 나는 제자들과 하는 세미나도 늘 영어로 진행한다.

이런 나의 생각을 세 아이들은 모두 잘 따라주었다. 세 아이 모두 외국어고등학교를 나왔는데, 맏딸 서진이는 불어를 전공했고, 둘째 딸 서우와 막내 성택이는 일본어를 전공했다.

우리 부부는 방학 때 아이들을 선교사들이 주최하는 캠프에 보내서 영어와 가까워지도록 만들었다. 다행히 아이들 모두 외국어 공부에 재미를 느껴서 영어와 자신의 전공어만큼은 자신 있게 구사할 정도가 되었다.

찾아보면 별로 돈을 들이지 않고도 아이들에게 외국어를 배우게 할 기회는 많다. 우리는 홈스테이를 활용했는데, 아이들을 외국인의 집에 자주 찾아가 지내도록 하거나, 거꾸로 외국인을 초대해 우리 집에서 머물게 했다. 또 무작정 해외여행을 보내기보다 필리핀이나 일본, 미국 등에서 열리는 국제 청소년 학교 등에 빠지지 않고 참가시켰다. 그곳에 참가하면 외국어 공부뿐 아니라, 세계 각국의 다양한 문화를 접할 수 있어서 시야가 넓어진다.

어려서부터 외국어 교육을 강조했던 나의 교육 방침은 작은 결실을 맺었다. 맏딸 서진이는 미국 미네소타 세인트올라프 대학에서 라틴어를 전공하고, 프랑스의 몽펠리에 대학교에서 불어를 공부한 뒤, 벨기에의 솔베이 대학원에서 경영학 석사를 마쳤다. 그리고 동양인 최초로 유럽연합(EU)의 직원으로 일하는 영광을 안았다. 지금은 국내에 들어와 경영학 박사가 되어 외국증권회사의 상무로 고액의 연봉을 받고 있다.

둘째 딸 서우는 같은 대학 영문학과를 졸업했고, 삼성의 역사를 영역하는 데 일조를 했다. 아들 성택이는 미국 유학 중에는 컴퓨터공학, 연세대에서는 지구시스템공학을 전공하고, 현재는 워싱턴 주립대학교의 경영학석사(MBA)과정에 있다.

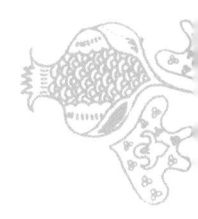

하지만 넓은 세상을 접할수록 결코 잊어서는 안 되는 사실이 하나 있다. 그건 바로 '내가 한국 사람'이라는 점이다. 나는 아이들에게 외국어 공부를 강조하면서도 자신의 뿌리를 잊지 말라고 늘 당부했다. 또 외국어를 열심히 공부하는 첫째 이유는 나 자신의 행복을 위한 것이지만, 그 다음은 지금까지의 나를 있게 한 사회에 공헌하기 위함이라는 점도 강조했다. 그래서 아이들이 유학을 떠날 때는 항상 다짐을 받아두었다. 아무리 외국에서 공부하더라도 결혼만큼은 꼭 한국 사람과 해야 한다고. 아무리 능력 많은 국제적인 사람이라고 해도, 자신의 근본 뿌리를 잊어버리면 정신적인 국제 미아가 되고 만다. 나는 우리의 아이들이 그렇게 되길 바라지 않았다.

아이들을 키울 때 우리 부부는 늘 허물없이 부모를 대할 수 있는 분위기를 만들었고 최대한 본인의 의사를 존중했다. 또 항상 긍정적으로 생각하고 어려운 상황에서도 도전할 수 있는 자세를 길러주려고 애썼다. 하지만 어떤 면에서는 꽤 보수적이기도 했다.

의사란 직업이 다 그렇듯이 나 또한 굉장히 바쁜 생활의 연속이었지만 되도록 가족과 많은 시간을 보내려고 노력했다. 아이들이 어릴 때는 집에서 미술대회와 디스코대회 등을 열어 제일 잘한 아이에게 상금을 주는 등 부모와 자식의 벽을 없애기 위해 노력했다. 교육의 중심은 가정이라는 생각에서였다. 매주 특별한 주제를 정해 가족회의를 열기도 했는데, 지금도 가족회의 일기장은 가족의 정을 두텁게 하는 정신적 자산이 되고 있다.

아이들이 잘못한 경우에는 매를 들지 않았지만 꼭 반성문을 쓰게 했다. 또 자녀들이 모두 장성한 후에도 밤 1시까지는 반드시 집에 들어와야 한다는 원칙을 정해 지키도록 했다. 그 때문에 아들에게 딱 한번 매를 든 적이 있는데, 아무런 얘기 없이 늦게 들어왔다는 게 이유였다. 미국 유학길에 오르기 전에 친구들과 함께 자리를 하느라 늦게 들어온 것이었지만, 가족 구성원끼리 지켜야 할 규칙을 위반했기 때문에 매를 들었던 것이다.

이런 보수적인 아빠 때문에 딸들은 데이트 한번 마음대로 못했다고 불평하기도 했지만, 지금도 나는 잘한 일이라고 생각한다. 아마 저희들도 인생을 더 살아보면 나를 이해하고 고맙게 생각할 것이다.

나는 아이들이 어릴 때부터 외국어 못지않게 컴퓨터 지식과 리더십을 길러주려고 애를 썼다. 아이들에게 물고기를 낚아주기보다는 고기 잡는 법을 가르치는 것이 더 훌륭한 교육이라고 늘 생각했는데,

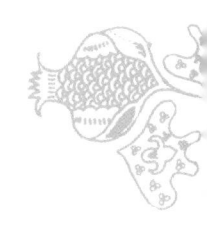

외국어와 리더십, 컴퓨터 지식은 21세기에 꼭 필요한 낚시 도구인 셈이다.

　우리 아이들은 음악과 미술 등 취미생활도 폭넓게 했는데, 여기에는 아내의 공이 컸다. 아내는 아이들을 위해 직접 가르치기도 하면서 가슴이 따뜻한 전인적인 사람으로 만들기 위해 무척 애를 썼다.

　이렇게 우리 부부는 나름대로 원칙을 세워 중심을 잡아가며 어릴 때부터 아이들을 교육했기 때문에 아이들을 외국에 내보내면서도 별 걱정을 하지 않았다. 유학을 가서 실패하고 잘못되는 경우에 대해 매스컴을 통해서나 주위 사람들을 통해 끊임없이 들었지만 우리 아이들은 그렇지 않을 것이라고 믿었다.

　우리의 믿음은 헛되지 않았다. 아이들은 혼자 있으면서 스스로 더 냉정하게 자기관리 하는 법을 배웠고, 열심히 공부했다. 특히 큰딸 서진이는 서양 사람들도 일하기 어려운 곳이라는 충고 아닌 충고까지 들으면서 유럽연합에 신청서를 냈는데, 엄청난 경쟁률을 뚫고 자신이 뜻하는 바대로 합격해 주변 사람을 놀라게 했다. 뒤에 이야기를 들어보니 자신이 거기서 일하려 하는 이유를 아주 잘 설명한 것이 좋은 작용을 했다고 한다.

"당신들은 미국이 전 세계를 마음대로 주무른다고 비난하지 않습니까? 유럽인이 아니라고 EU에서 일하지 못한다면 당신들도 미국인과 다른 게 하나도 없는 편협한 사고의 소유자인 셈입니다. 나는 아시아와 유럽을 연결시킬 수 있는 일을 누구보다 잘 해낼 수 있습니다."

오랫동안 혼자 외국에서 생활하며 키워온 대담성과 당당함이 제대로 힘을 발휘하는 순간이었다. 그 아이는 지금 5개국어에 능숙할 정도로 상당히 실력도 갖추고 있는데, 그만큼 하려면 무척 공부도 많이 했을 것이다.

사실 외국에서 공부하며 혼자 모든 어려운 문제를 해결해야 한다는 것은 말처럼 쉬운 일이 아니다. 실수를 하기도 하고, 향수병에 시달리기도 하고, 건강 문제 때문에 모든 게 엉망이 되는 순간도 있다. 나 또한 외국 유학의 경험이 있는데 어찌 그걸 모르겠는가. 하지만 그 모든 것은 결국 스스로 이겨내야 할 몫이다. 언제까지나 부모가 대신할 수 없는 일이라면 빨리 경험하고 그걸 이기는 법을 배우도록 해주는 게 부모의 도리라고 생각했다.

또 이런 상황들은 비단 외국에서 공부를 하지 않더라도 인생을 살다보면 흔히 벌어질 수 있는 일이다. 그래서 우리 부부는 일찍부터 아이들에게 늘 긍정적인 사고방식을 심어주려고 노력했다.

"힘들 때는 거울을 봐라. 그 속에 나타난 너의 모습을 한번 잘 보렴. 그렇게 나쁜 상태는 아니잖니? 실수로, 혹은 주위 환경 때문에 일이 잘못되면 항상 기본적인 것으로 돌아가 생각을 해보아라. 감사할 것이 너무나 많잖니? 하다못해 내가 사람이 아닌, 나무나 풀이나, 아니면 아주 작은 곤충이나 동물로 태어났다면 이런 것들조차 경험해 보지 못하겠지 하고 생각하면 모든 것이 잘되게 되어 있어. 지금 완벽하진 못해도 가능성은 있다는 생각을 버리지 말아야 해."

이런 얘기들은 실제로 아이들에게 큰 힘이 되었다고 한다.

나는 사람들에게 "자식농사 잘 지었다"는 소리를 많이 듣는데, 참 듣기 좋다. 하지만 세상일에, 특히 자식 일을 장담할 수 있는 부모는 없다. 그래도 육체적으로나 정신적으로 모자람 없이 바르게 자라준 자식들을 보면, 내 인생에서 가장 큰 수확이 바로 내 아이들이란 생각이 든다.

우리는 다변화된 세상을 살아가고 있지만, 그래도 가족의 소중함이나 가족 구성원이 지켜야 할 원칙은 있어야 한다. 올바른 가족 관계 속에서 예의 바른 사람을 키우는 것, 자신의 뿌리를 지키는 것, 그것을 바탕으로 진정으로 세계화된 사람이 되는 것, 우리 부부가 세우고 실천해 온 자녀 교육의 원칙은 그 결과가 그리 나쁘지 않았던 것 같다.

물론 자녀 중 한 명 정도는 내 뒤를 이어 의사가 되었으면 하는 생각이 없지는 않았다. 하지만 아이들이 원하는 길을 걷게 해야 한다는 생각이 더 컸다. 또 둘째 사위인 피터 한 박사가 세계적으로 유명한 미네소타의 메이요 클리닉 호흡기 내과 교수여서 나름대로 아쉬웠던 마음이 충족되고 있다.

이제 우리 아이들은 사회의 일원으로 당당히 제 몫을 다하고 있다. 그리고 자신들의 아이들을 낳아 부모 노릇까지 하며 과거에 내가 그랬던 것처럼 미래를 위한 새싹을 키워내고 있다.

제자들을 생각하며

　전기와 자기를 발견한 마이클 패러데이는 젊은 시절에 책방에서 점원 노릇을 했다고 한다. 그때 우연히 고객에게서 데이비 경의 강연회 입장권을 얻었는데, 그 입장권이 바로 그의 인생을 바꿔놓았다. 강연회에서 당시 대과학자이며 왕립연구소에서 화학을 연구하고 있던 데이비 경을 만났던 패러데이는 그에게 매료되어 그의 제자가 되었다.

　패러데이는 평소 스승에 대한 존경심과 배움에 대한 열정이 남달랐다고 한다. 데이비 경의 강연을 듣고 모조리 필기를 해 잘 정서를 한 후에 한 권의 책을 만들어 은사에게 보낼 정도였다. 그런 정성은 스승을 크게 감동시킬 수밖에 없었다. 얼마 후에 패러데이는 왕립연구소에서 일하게 되었고, 스승의 비서가 되어 어느 곳에나 동행을 했다고 한다. 그렇게 스승을 따라 다니며 패러데이는 아주 많은 것을 배웠을 것이다.

　또한 그는 스승 데이비 경의 기대에 보답하려고 열심히 노력한 끝에 전기와 자기에 대한 위대한 발견을 하게 되었다. 그래서 스승보다 더 훌륭한 사람으로 칭송받게 되었으니, 청출어람은 바로 이런 경우를 두고 하는 말일 것이다.

먼 훗날 누군가가 데이비 경에게 "당신이 이제까지 한 일 중에 가장 보람 있었던 일은 무엇이냐"고 물었다. 그러자 데이비 경은 "패러데이를 제자로 둔 일"이라고 대답했다.

패러데이의 일화는 나이가 들수록, 제자들이 더 많이 생길수록 읽을 때마다 가슴을 울리며 잔잔한 감동을 준다. 그리고 제자와 스승의 관계가 어떠해야 하는지, 나는 제자들에게 어떤 스승인지 다시 돌아보게 해준다. 나도 패러데이 같은 제자가 있는지 여러 제자들의 얼굴을 떠올려 보기도 한다.

스승의 입장이 되어본 사람이라면 누구나 느끼는 일이겠지만, 스승 노릇은 아무리 세월이 흘러도 쉬워지지 않는 것이다. 어떤 일들이든 하면 할수록 쉬워지는데 스승 노릇은 도무지 그렇지가 않다. 끝도 없고 완성이라는 것도 없다.

그래서 나는 때때로 조지 버나드 쇼의 말처럼 "나는 교사가 아니고 그저 길을 가르쳐주는 동행자에 지나지 않는다"는 생각을 해보기도 한다. 실제로 초창기에 우리 병원에서 가정의학 수련의 과정을 거친 1기생부터 4기생까지는 버나드 쇼의 말 그대로 그들은 내게 제자들이자 동행자이기도 했다. 그 제자들은 내 강의를 듣고 의기투합

해 가정의학을 선택했던 순수한 열정의 소유자들이었다. 준비된 게 없어서 고생도 함께했으니 제자이자 친구인 셈이다. 어디 그 제자들 뿐이겠는가. 스승과 제자의 관계란 세월이 지나면 같은 길을 가는 동반자가 되는 게 인지상정이다.

나는 마음속으로 늘 그렇게 생각하면서도 실제 제자들을 가르칠 때는 좀 혹독하게 하는 편이다. 그래서 눈물을 흘리며 배우는 경우도 많았다. 사실 의과대학 조직은 군대 이상으로 엄격하다.

그리고 사람의 생명을 다루고 촌각을 다투는 일인 만큼 그런 엄한 교육이 필요할 때가 많다. 그래서 호랑이 선생님으로 정평이 나 있지만, 좀 가까운 제자들은 내가 얼마나 평범하고 부드러운 사람인지 잘 알고 있다.

나는 제자들에게 공부를 많이 시키는 편이다. 이런 방식은 아무래도 내가 받은 미국식 교육의 영향도 없지 않다. 환자 하나하나의 사례를 적용해 외국 저널을 읽고 발표시키는 일도 많고, 제대로 못하면 혼쭐을 내고, 트레이닝 받는 동안은 결혼도 못하게 한다. 또 여러 곳으로 파견근무를 돌리기도 하는데, 작은 병원이나 시골 병원으로 보내는 경우도 많다. 보통 큰 병원에서는 환자의 사례가 많지 않기 때문이다. 수련의 때 작은 병원에서 별별 환자들을 다 접해보아야 크게 실력이 늘 수 있는데, 이런 내 뜻도 모르고 불만을 표하는 경우도 가끔씩 있다. 젊은 생각으로는 폼 나는 병원에서 편하게 트레이닝 받고 싶겠지만, 길게 보면 그런 자세는 결코 도움이 되질 않는다.

한때는 너무 힘들어서 도망가는 녀석들도 있었다. 그럴 때 나는 어떻게든 수소문을 해서 찾아내고 설득을 한다. 밤 1시, 2시라도 집으로 불러 이야기를 하고, 어딘가에 틀어박혀 혼자서 인생의 고민을 다 짊어진 사람 같은 얼굴을 하며 술을 마시고 있는 녀석을 찾아가 설득을 한 적도 있다. 그럴 때 죄 없는 아내는 운전기사 노릇을 하며 술집 앞에서 나를 기다리곤 했다.

그렇게 한번 도망갔다가 내게 설득당해 돌아온 제자들은 대체로 아주 열심히 한다. 그저 호랑이처럼 무섭기만 하다고 생각했던 스승이 발 벗고 나서서 인생의 어려운 고비를 함께 넘겨주니 고맙기도 하고, 또 스스로 한 고비를 넘기면서 그만큼 강해지면서 그런 결과가 나타나는 것 같다. 이렇게 때로는 무섭게 혼을 내고 때로는 부드럽게 어루만지면서 길러낸 제자들 중에는 개업의도 있고, 의대 교수도 있고, 보건복지부에서 일하는 행정가도 있다.

특히 개업의들은 갈수록 어려워지는 병원 상황 때문에 마음이 쓰일 때가 많다. 어떤 제자는 병원 개업을 하면서 내 사진을 걸어놓으면 손님이 많이 온다며, 그래도 되냐고 묻기도 하는데 그럴 때마다 나는 흔쾌히 그러라고 한다.

자식들에게 부모가 그렇듯, 제자들에게 스승은 주어도 주어도 자꾸 줄 것이 있는 것 같고, 언제까지고 뭔가 해줘야 할 것 같은 그런 존재가 아닌가. 그러니 내 얼굴 한번 파는 정도야 얼마든지 감수할 수 있는 일이다.

삶의 산책

산책을 나설 때 우리는 먼저 어떤 코스가 제일 좋을까 생각한다. 이때 마음에 드는 길을 택하는 기준은 사람마다 조금씩 다르다. 아무 생각 없이 사람들이 많이 다니는 길로 가는 사람도 있고, 누구도 가보지 않은 길을 찾아 떠나면서 남모르는 즐거움을 얻는 사람도 있다. 마치 우리의 인생이 그렇듯이.

하지만 그것이 어떤 길이든지 가다보면 숨이 차고 다리가 아파올 때가 있다. 우리 인생의 길에는 비바람도 있고 어두운 길도 있다. 그래도 우리는 계속 그 길을 따라간다. 끝까지 가보지 못한 사람은 결코 느끼지 못할 그 무언가가 길 끝에 있음을 알기에…. 그 길의 끝에는 사람 냄새가 나는 희망이 있다. 그걸 보려고 우리는 쉼 없이 걸어가고 때론 달려본다.

그리고 드디어 그 길의 끝에 다다랐을 때, 심호흡을 한번 하고 눈앞에 펼쳐진 풍경을 여유롭게 즐긴다. 또 내가 어디까지 발자국을 남겼는지 살펴보고 특히 어려운 코스가 어디였는지 돌아본다. 그리고 다시 한번 새로운 길을 따라 산책을 떠난다. 지금 내가 바로 그런 자리에 서 있는 것이 아닐까 하는 생각이 든다.

한동안 나는 무척 열심히 달렸다. 하루에 10km를 뛰면서 흐르는

땀에 남모르는 기쁨을 즐기기도 했다. 하지만 요즘은 걷기를 더 좋아한다. 그리고 달릴 때는 몰랐던 또 다른 기쁨을 맛보고 있다. 달릴 때는 주변보다 내가 정한 목표점이 먼저 눈에 들어온다. 그러나 천천히 걸어가면 주변에 나무도 보이고, 꽃도 보이고, 옆에서 같이 가는 사람들의 따뜻한 미소도 보인다.

인생도 마찬가지라고 생각된다. 멋지게 도전하고 목표를 향해 달리는 순간도 있어야 하지만, 여유 있게 거닐면서 인생을 관조하고 포근한 마음으로 자신과 주변을 돌아보고 자연의 아름다움을 직시하는 시간도 필요하다.

내 인생을 돌아보면 우리나라에 가정의학을 뿌리내리고, 학생들을 가르치는 교수로서 환자를 진료하는 의사로서 최선을 다하며 그저 앞만 보고 달려온 순간이 많았다. 그러나 이제는 마치 산책을 하듯 주변을 더 많이 돌아보고 느끼고 함께 호흡하면서 내가 가는 길이 더 풍요롭고 가치 있는 길이 될 수 있도록 하고 싶다.